もっと，おいしい授業の作り方

授業作り初心者のための
「せりふ」で作る実践的・学習指導案作成法

杉浦 健 Takeshi Sugiura

ナカニシヤ出版

まえがき

　この本が想定する主要な読者は，教員免許取得を希望する大学生であり，教育実習生です．それも今まで授業を作ったり，行なったりしたことがほとんどない人たちです．

　私は大学で「教育課程・方法論B」という科目を受け持ち，教職希望の学生に授業の技術と方法を教えています．この科目では，良い授業ができるようになることを最終目標とし，その前段階の目標として良い学習指導案を作ることを目指してレポート課題として指導案を書かせてきたのですが，これがなかなかうまくいきませんでした．あるときは50人近くの学生に授業で個別指導を行ない，1時間30分も延長したこともありました（その苦情のすごかったこと！）．

　そこで学生が指導案を作るにあたって参考になるような本はないかとかなり探したのですが，なかなか良い本が見つかりませんでした．授業作りや指導案作成に関してはそれこそ無数の本があったのですが，それらは基本的にはすでに教員となって，実際に授業を行なっている先生方がより良い授業をするために書かれた本であり，授業作りのイロハをある程度知っているということを前提にして書かれていたのです．

　そのような本には，例えば，どうすれば生徒をひきつけることができるか，授業を面白くするにはどうしたらよいかといった方法論や，授業に使える教材などは載っているのですが，そもそも授業をするとはどういうことなのか，何を教えるべきなのか，授業における教師の役割は何なのかなど，授業を作るにあたっての一番の基本が載っておらず，それらの基礎・基本がない者にとっては，あまり役に立つものではなかったのです．

　例えば，これまでの学生の書いた指導案の中には，全く授業の体をなしていないのに，テクニックを使って何とか授業を面白くしようとしたり，生徒をひきつけようとして無用な働きかけをしたりする指導案が見られたのです．

　本書は，題名でもわかるとおり，授業作りを料理作りにたとえて，授業作りの基礎を学ぼうとする本です．料理作りのたとえは，指導案を改善してもらおうと，学生にアドバイスをしていたときに思いついたものです．学生たちの指導案は，ある者はただ教科書を教えるだけだったり，またある者は学ぶべき内容が全くないまま，自分の伝えたいことを言っているだけだったりと，バランスが非常に悪かったため，どうにかして教えるべき教科書の内容があり，さらには授業を通して教師の伝えたいこともある授業を作ってほしいと考え，教材という材料を教師が味付けしておいしく料理するのが授業作りであるとたとえたのです．

　今までの授業作りの本は，たとえるなら料理の作り方をある程度知っている人が料理をさらにおいしくするコツを書いた本であり，料理など全く作ったことのない人が料理作りを学ぶ本ではなかったのです．

　そこで，今まで料理などほとんどしたことがない人が料理作りの基礎の本を読んで料理作りを始めるように，全く授業作りの経験のない大学生でも授業の基礎を学べ，実際に授業を作れるような，いわば「授業作り基本レシピブック」がほしいと考え，2005年に『おいしい授業の作り方』という本を出版しました．

　その後，たくさんの学生に授業作りを教えてきて，内容的に改善したい点やより強調したい点が浮かび上がってきました．また学習指導要領も改訂され，言語活動の充実や使える英語への転換など授業のあり方も変わってきました．また学び合いや協同学習など子ども主体の授業も多く行われるようになってきました．

　そのため，『おいしい授業の作り方』の基本的な目的（授業作りの基礎の基礎を学ぶ）については継

i

承しつつ，より深く授業作りを考え，新しい授業のあり方をも説明できる授業のレシピブックを目指し，本書『もっと，おいしい授業の作り方』を刊行しました。

　本書の主要な読者は，教員免許取得希望の大学生・教育実習生ではありますが，この本は授業作りの基本中の基本に触れているので，授業に慣れた学校の先生が自分の授業の原点を振り返るのにも役に立つのではないかと思います。

　料理作りが単に生きていくためだけのものだけでなく，クリエイティブな活動として行なわれているように，さらに食事が単なる生きていくためだけの栄養補給にとどまるのではなく，人間が人間らしく生きていくための文化的な意味を持った活動であるように，本書を通して，授業作りが単に生徒に知識を伝達するだけのものではなく，教師の行なう創造活動であることが認識され，その結果，面白い授業が増え，生徒がより有意義な授業時間を過ごせるようになることを希望します。それが私のささやかな教育改革です。

目　　次

まえがき　i

第1章　良い授業とは？ …………………………………………………………1
　　本書の目的　1
　　良い授業のために必要なこと(1)　授業のWHY　1
　　良い授業のために必要なこと(2)　授業のHOW　3
　　シナリオ型指導案　3
　　授業の構造　7
　　授業の目的について　8
　　授業の目的の背後にはあなたの考える学ぶ意味・教える意味がある　8
　　「自分なりの」学ぶ意味や教える意味を　9
　　学校の勉強はスコップで穴を掘ることである　10
　　授業作りの背骨　11
　　「あなたが学ぶ意味」があなたの行う教育の一番のヒント　11
　　学ぶ意味・教える意味は見つけ出すもの，創り出すものである　12
　　授業の目的を具体化する方法について　13
　　実際の授業技術こそ生徒との接点である　14

第2章　シナリオ型指導案の作成 ……………………………………………17
第1節　おいしい授業の作り方 ……………………………………………17
　　授業のシナリオの作り方（シナリオ型指導案の作り方）　17
　　まず「授業の目的」を考える　──授業作りで最も重要な第一歩──　17
　　授業の味付け　──必要栄養素と味付け──　18
　　授業の作り方（授業のレシピ）　── 授業作りを料理作りにたとえて──　19
　　レシピ0：誰に食べさせるのかを考える　19
　　15秒復習　20
　　「知っていますか発問」厳禁　21
　　レシピ1：料理の味付けを決定する　21
　　名店の味付けを盗め　22
　　あなたは何料理がお好き？　23
　　味付けなしでは，わかりやすくかみくだいて教えられない　27
　　味付けに合わせてかみくだき方は変わる　29
　　レシピ2：授業のまとめの言葉（メッセージ！）を考える　30
　　レシピ3：授業のまとめの言葉が説得力を持つように授業の構成を考える　30
　　授業にはあなたの伝えたいメッセージを　30
　　メッセージを伝えるためにはしっかりとした必要栄養素が必要　31
　　レシピ4：今日のメニューを知らせているかを確認　──授業は高級フランス料理で──　37
　　15秒意味伝え　39
　　闇なべはちょっと難しい　43
　　レシピ5：最後の味見　45

新しい授業のあり方　46
　　　好奇心の素　46
　　　こ，この味は？　初めて食べる味だ　──好奇心の素は「最適なズレ」である──　47
　　　へぇ，この素材がこんなふうに料理できるんだ　49
　　　うちの店にしか出せない味　51
　　　たとえ好きでも毎日カレーではあきちゃうよ　52
　　　食わず嫌いにも食べさせなきゃ　──ほんとはおいしいんだよ──　52
　　第2節　授業に生徒を参加させるコツ　53
　　　生徒を授業に参加させることの重要性　53
　　　生徒を授業に参加させるためには　53
　　　すべての生徒を授業に参加させよ　54
　　　生徒を授業に参加させるための発問・働きかけ　54
　　　発問の目的　55
　　　発問の作り方のコツ　──「まず答えありき」──　57
　　　発問の転換　58
　　　発問に対する生徒の反応を予想せよ　59
　　　許容範囲の広い発問を　59
　　　ゆれのないものを答えに　60
　　　生徒の答えのオリジナリティを生かす問い　62
　　　発問に対しては危機管理を　64
　　　ひとりボケつっこみ　──教え惜しみ──　65
　　　何よりも内容が大事　66
　　　発問の種類　67
　　　授業に生徒を参加させるコツのまとめ　71
第3章　授業をする技術　73
　　演劇としての授業　73
　　授業は教師と生徒とのコミュニケーションである　73
　　授業をするコツ　──まみむめも──　74
　　時と場合によって適切な対応は異なってくる　76
　　授業をすることは二重課題である　77
　　臨機応変に振るまうための余裕作りとしての（シナリオ型）指導案　78
　　授業は創造活動だ　78
第4章　おいしい授業の場作り──授業作りワンランクアップ（応用編）──　79
　　授業作りを料理作りにたとえたときの問題とは　79
　　学校観・学習観から授業を考える　80
　　授業をデザインする　82
　　学び合いや協同学習を料理にたとえるなら…　84
　　まとめ　85

引用・参考文献，必読書　87
シナリオ型指導案実例集　89

　索　引　115

挿画：太山陽子／挿画原案：杉浦万里／表紙：向井ようこ

1 良い授業とは？

本書の目的

　本書の目的は、「良い授業」をできるようになることです。もちろん教員たるもの誰もが良い授業をしたいと思っているはずです。でも、「良い授業」とはいったいどんな授業なのでしょうか。どうしたら良い授業ができるようになるのでしょうか。本書では、この「良い授業ができるようになること」を目指して、「そもそも良い授業とは何か？」「どうしたら良い授業ができるのか？」「良い授業を作るには何に気をつけたらいいか？」「どんなテクニックが必要か？」などを考えていきたいと思っています。

　ですが、実はより正直に言うなら、本書の目的は悪い授業をしないようになることなのです。もちろん誰も好き好んで悪い授業をしたいとは思わないでしょう。しかしながら、**授業に関する哲学（何のために授業をするのか）と正しい知識と技術が教師になければ**、なんとか形だけ授業ができたとしても、**その授業は生徒にとって有害なものになる**のです。例えば、「面白い授業」をするためのコツや技術を知らず、生徒にとって面白くない授業をした場合、その授業は生徒にとって有害な授業になります。つまり「理科なんて全然面白くない」というメッセージをはからずも伝えてしまう授業だからです。またテストや受験のためだけに授業をしたなら、勉強はテストや受験のためだけに行うもので、それらが終わってしまったらもはや学ぶ理由などないと生徒に思わせてしまう授業になってしまうのです。

良い授業のために必要なこと（1）授業のWHY

　まず私自身の話からしたいと思います。私はかつて定時制高校で国語を教えていました。正直言ってまじめに教職の授業を受けていたわけでもなく、大学の指導もほとんど受けていない状態でしたから、さて授業をしなければいけないということになったとき、大変困りました。今から考えると、当初はほとんど授業になっていなかったと思います。

　とりあえず、自分がこれまで受けてきた国語の授業を思い出してまねたり、授業の主題や目的がまことしやかに書いてある教員用の指導書を見たりして、なんとか授業をこなしていったのですが、実際のところ生徒はほとんど聞いてくれませんでした。

生徒が聞いてくれないのも辛かったのですが，何よりもしんどかったのは，自分が授業を教えていながら，国語を教えることに意味を見出せなかったことです。これが進学校だったりしたら，どんなに聞いていて意味の感じられない授業でも，生徒はまじめにノートを取ったりして，私も何となく勘違いしたやりがいを感じられたかもしれませんが，私は後から考えると幸いにも定時制高校，それも工業高校でしたから，生徒たちは自分の心に非常に正直に授業を聞きませんでした。そして私も，「そりゃそうだよな。授業をしている方が教える意味をわかっていないのに，聞かなくて当然だよな」と思いながら，授業を進めていました。そのころが一番授業をしていて苦痛でした。

　そんなあるとき私は考えました。定時制の工業高校の生徒である彼らにとって，国語で学ぶべきことはなんだろう？　私が教えられることはなんだろうと。

　結局，私がわからなかったのは授業のやり方ではなかったのです。もちろん授業のやり方も今から考えると全くわかっていなかったのですが，それはその時点では本質的な問題ではありませんでした。

　私がわからなかったのは，自分は国語を通して何を教えるべきなのか？　何を教えることができるのか？　生徒にとって学ぶべきことは何なのか？　ということだったのです。私が答えるべきだった疑問は，どのように授業をすればいいのか？　という疑問，つまり**授業のHOW**ではなく，なぜ授業をするのかという**授業のWHY**だったのです。

　私は，この授業のWHY（教育のWHYと言い換えてもいいかもしれません）に答えること，すなわち「なぜ勉強するのか？」「なぜ学校が必要なのか？」「教育とはいったい何のために行なうのか？」「自分はなぜ，何をこの科目を通して生徒に教えるべきなのか？」「そもそも学ぶとは何か？」，このような学習と教育に関する根本的な問いに自分なりの回答を持たなければ，授業のまねごとはできても，本当の意味で良い授業・意味のある授業はできないのではないかと思います。当時の私が苦しかったのは，授業のまねごとしかできず，**自分にとっても生徒にとっても意味のある授業をできなかった**ためであったのです。

　今の多忙かつ困難な学校の状況において，上記のような問いに答えを持っていなければ教師を続けていくことがより困難になってくると思います。なぜなら，人は意味がないと思っている行動を続けることは非常に苦痛だからです。**何のために教えるのかわからなければ，教師は教えるという仕事を続けることが困難になるのです。**良い授業をするため，ということもそうですが，教師が教師であるためには，教師が自分なりの**学ぶ意味・教える意味**を持っている必要があるのです。

　ここで「自分なりの」学ぶ意味・教える意味とことさら言うのは，今の学校には「なぜ勉強するのか？」「なぜ教えるのか？」についての模範解答はないからです。だからこそ教師一人ひとりが考えて

生徒に伝えていかなくてはならないのです。

　もちろん教師の仕事は授業だけではないですから，授業をする意味がわからなくても，例えばクラブなど，その他の仕事に意味を見出して教師を続けることも可能です。しかしながら学校では授業をする時間が一番長いわけですし，そこでたくさんの時間を生徒とともに過ごすのですから，その時間は生徒にとっても教師自身にとっても有意義であった方がいいのではないでしょうか。教師が授業の意味を明確にすることで，その時間は教師にとっても生徒にとっても有意義な時間になるのです。

良い授業のために必要なこと（2）授業の HOW

　良い授業をするためには，授業をする教師自身が学ぶ意味・教える意味について自分なりの回答を持っていなければならないと思います。これは何度強調してもしきれないくらいです。しかし，それだけでは十分ではありません。そう言うのは，かつてある教育実習生の授業を見たからです。

　そのときの実習生を私はよく知っており，教員になりたい気持ちや自分が伝えたいこと，自分の学ぶ意味や教える意味を明確に持っていたのにもかかわらず，それら自分の学ぶ意味や教える意味を授業に生かしきれず，それを生徒たちに十分伝えることができていなかったのです。

　確かに学ぶ意味や教える意味をしっかり持つことは大切です。でもそれだけではまだ不十分で，**あなたの考える学ぶ意味や教える意味を伝える技術も絶対に必要なのです。**学ぶ意味や教える意味は，生徒に伝わってこそ意味を持つのです。たとえたなら，恋人をどんなに愛していると思っていても，思っているだけではだめで，きちんと言葉や態度で表に出して伝えて，それを恋人がわかってくれないと意味がないのです。

　良い授業をするためには，自分が考える学ぶ意味や教える意味を伝える技術が必要なのです。本書では，それがどんな技術なのか，具体的にどうしたら学ぶ意味や教える意味が伝えられるのかを，できるだけ具体的に授業場面に即して考えていきたいと思います。

シナリオ型指導案

　本書では，良い授業を作るための第一歩として指導案作成を考えていきたいと思っています。授業の指導案にはこれといって決まった形式は存在せず，各学校，時には各先生に任せられていると言ってもいいのですが，本書ではいくつかの理由から「シナリオ型指導案」というものの作成を目指そうと思っています。

　まず，次ページの二つの指導案を見てください。一つは普通の指導案，もう一つはシナリオ型指導案の一部です。シナリオ型指導案は，私が大学で教職課程を履修している学生に書かせている指導案の形式です。シナリオ型指導案は，これまで授業を全くしたことがない，そのためどうやって授業をしたらいいか全くわからない人で

普通の指導案の例

時間	学習内容	学習活動	指導上の留意点	資料・教具
5	（導入） ○九州南部の土地利用の特色	○地図帳 P.62 "土地利用" を参考に九州の北部と南部の土地利用について話し合う。 ○教科書 P.169 グラフを見て、九州地方南部の耕地利用の特色を確認する。	○九州北部には水田、九州南部には畑の割合が高いことに気づかせる。 ○全国と比べても九州南部の畑の割合が高いことに気づかせる。	○地図帳（以下〈地〉）P.62 ○教科書（以下〈教〉）P.169 図版
40	（展開） ○シラス台地の分布	○〈地〉P.65 を見て、畑として利用されている土地はどのようなところかを調べる。 ○シラス台地は地理的にどの辺に分布しているかを〈教〉P.169 図版で調べる。	○畑作地帯の大部分はシラス台地の上にあることに気づかせる。 ○シラス台地は九州南部の各地に広く分布しており、特に鹿児島湾の周辺に多いことに気づかせる。	○〈地〉P.65 ○〈教〉P.169 図版
	○シラス台地の特徴	○〈教〉P.168 l2～l8 を読んで、各自ノートにシラス台地の特徴をまとめさせる。 ○「水もちが悪い」ということを砂と土を使って実証してみせる。 ○「大雨でくずれやすい」ことを資料〈別紙〉を読んで確認する。	○シラス台地は、①水もちが悪く、②肥料分に乏しく、③大雨でくずれやすい等の特徴をもち、耕地として適さないことを読みとらせる。 ○「水もちが悪い」「大雨でくずれやすい」というのは何故かを具体的に実験によって理解させる。 ○シラス台地と災害との関係を具体的に理解させる。	○土、砂、水、ビーカーと紙 ○〈資〉「シラス台地の悲劇」
	○シラス台地の開発	○〈教〉P.168 l9～P.169 l2 を読む。 ○〈地〉P.65 で笠野原台地を探す。 ○〈地〉P.65⑩を見てシラス台地の開発のようすを話し合う。 ○白地図 P.10「九州南部の土地利用」を着色させる。	○開発後のシラス台地は用水路、排水路、農道が規則正しく整備されていることに気づかせる。 ○開発前には荒れ地であった土地が開発によってりっぱな耕作地になったことに注目させる。 ○開発後の畑や水田の分布のようすを作業によって確認する。	○〈地〉P.65 ○〈地〉P.65⑩ ○白地図帳 P.10①
	○宮崎平野の野菜の促成栽培	○地図帳、ノートを用いて宮崎平野の位置と気候を確認させる。 ○〈教〉P.169 l3～l16 までを読む。温暖な気候を利用して宮崎平野では野菜の早期出荷がなされたことを話し合う。 ○ビニールハウスの出現によって促成栽培が盛んになったことを話し合う。 ○九州南部の各地で都市向けの農業がおこなわれるようになった理由について考える。	○宮崎平野は近くを暖流が流れ、緯度も低いため、冬でもあたたかいことを思い出させる。 ○自然と農業とのかかわりについて気づかせる。 ○促成栽培のあゆみと特色について理解させる。 ○九州南部の農業が、収益性の高い農業へと移行しつつあることに気づかせる。	

（『教育実習を成功させよう』小松喬生・次山信男編　一ツ橋書店　pp.100-102.より改変して転載）

シナリオ型指導案例（指導過程の一部）

1．本時の目的

目的…物質が酸素と結びつく変化（酸化とはどういうことをいうのか）を実験を通して理解させる。

2．本時の指導過程

時間	生徒の学習活動	教師の発問・指示・生徒・把握の留意点と反応の予想	＊技術・原則
6分	使い捨てカイロには何が入っているのか考える。 黒板の図を見て、使い捨てカイロのしくみを理解する 酸化ということを少し分かる。	発問1：今日もほんとに寒いねー。こんな寒い日にかかせないのはこれ!! そう、ホッカイロ。 (1) 使い捨てカイロを見せて、ふりながら、あったかいよね。ところで、この使い捨てカイロの袋の中には何が入ってると思う？何であったかくなるんかな？中にどんなのが入ってるんかちょっと見てみよっか (2) 前もって出してきた中身を見せる。 　何入ってそう？ 　石炭、銅、鉛、鉄、わからん etc 実は、さっき答えてくれた中にもあったんやけど鉄の粉が入ってるよ。じゃあ何であったかくなるのかというと…… (3) 黒板に反応の図を書く 　鉄粉　よく振る　→　発熱する 　空気中の酸素と反応 この図を指しながら、 このようなしくみで、あったかくなるんよ。そしてこのような、鉄粉、この場合は鉄粉やけど、どんな物質でもいいから、物質が、酸素と結びつくことを、　酸化といいます。今日は、鉄を使って、実際に実験で鉄を燃焼させてみて、どんな変化が起こるか見てみたいと思います。じゃあ机の上のものを、すべてかたづけて、実験を始めよう。↑　筆記用具以外	・身近なものを使って興味をひかせる。「なんでこんなことするんやろ？」と思わせる。 ・さらに興味を深めてもらうため ・今日の実験の目的である「酸化」ということについて、少しふれておく。 ・今日の実験の目的を明らかにし、そのことを念頭においてもらいながら実験を進ませる
2分 25分	 実験を始める。	(4) 実験用のプリントを配りながら言う。 （あらかじめ、実験用の道具は机においておく） 　　　　　指示 みんなこの前ならったと思うけど、ガスバーナーの使い方は注意してな。 (5) 鉄（スチールウール）の質量をはからせ、色、手ざわりを書かせる。さらに電流を通すか調べさせる。 (6) 次はガスバーナーを使って、スチールウールを加熱させ、その後の色、手ざわり、質量、電流が流れるかどうかを調べさせる。	

も，良い授業のあり方を理解できるようにと考え付いたものです。

教職を履修している大学生に普通の指導案を書かせたりすると，まことしやかに計画を書いてきたりするのですが，模擬授業をすると，たとえ指導案で計画を練っていたとしても，それを実行に移すことができないのです。例えば，「○○について生徒に考えさせる」という計画を立てたとしても，どのように考えさせるのか，どのように生徒に働きかけたらいいのかがわからなくて，立ち往生してしまい，授業がスムーズに進まないのです。

シナリオ型指導案では，「○○について考えさせる」「○○について説明する」という計画だけではなく，考えさせるのなら，どのような発問をして考えさせるのか，説明するのなら，どのように説明するのかを「せりふ」で指導案の中に書くのです。シナリオ型指導案とは，授業の計画書というよりも，ちょうどドラマや劇のシナリオのように，授業が実際にどのような流れで行なわれるのか，教師が自分のすることや話すことを予想して明確に書いたものなのです。

このような指導案を作ろうとする目的は，本書の目指す「良い授業」（私はそれが，学びがいがあり，生徒が学ぶ意味を感じられる授業だと思っているのですが）の**構成の仕方**を学ぶためです。実際に自分が授業しているところをイメージして，そのせりふや働きかけを書きとめることで，生徒をひきつけるためにはどのような導入をしたらいいのか，どうしたら生徒が飽きずに授業に集中できるのか，そもそも自分は何を教えたらいいのか，などを学ぼうとするのです。

話す言葉すべてを書くわけではありませんが，発問や生徒への指示，重要語句の説明，自分が授業の中で最も伝えたいこと，話題が移るときの言葉（授業の流れを作るために重要），意味のある雑談などなど，授業の成否を決める細かい点まで書きとめることによって，良い授業をするための計画を意識的に作れるようになることを目指します。

なお，ここでせりふにするのは主に教師の行動や言葉であり，当然のことながら生徒の言葉まで明確なシナリオにすることはできません。ただし，発問などに対する**生徒の反応**は，その発問の仕方によってある程度予想ができるので，「**生徒の発言の予想**」として指導案に書いていきます。この生徒の発言の予想をすることで，生徒への働きかけが適切であるかどうかを計画段階で判断できます。

ただし発問を予想する際には，基本としては無理・無茶な予想はすべきではありません。例えば，教師が「大化の改新はどうして起こったと思いますか？」という発問をしたとき，まだ教えていないにもかかわらず，生徒がすらすら答えを答えてくれ，「そうですね，○○君が言ったように…」と授業が進むような予想です。そのような虫がいい予想をしていたら，実際の授業のときにはほぼ確実に計画通りには進まないでしょう。実際の授業では，簡単に答えられそうな質問に対しても，生徒が答えられないことさえありますから，

1　良い授業とは？

そんな最悪の事態まで想定に入れた上での計画が求められるでしょう。このことについては後述の発問作りのコツのところで詳しく説明します。

この本の後半部分には，これまでに私の授業を履修した大学生の書いたシナリオ型指導案の実例があります。また私のHP（http://www.kyoto.zaq.ne.jp/dkaqw906/）には，やはりこれまでのシナリオ型指導案がアップされていますので，そちらも参考にしてください。

なお，シナリオ型指導案で計画をしておくと，実際に授業をするとき，生徒の不規則な発言に十分に対応できないことがあります。発問に対する答えなどはある程度発問のせりふから予想はできるのですが，想定もしていなかったところで突拍子もない疑問や発言をされると，シナリオが崩れてしまうのです。しかしながら，シナリオを頑固に守るのが良い授業ではなく，あくまで実際の生徒の状態や発言に対応して授業を行なうのが良い授業です。**シナリオ型指導案は授業の構成のコツを学ぶことを第一の目標にしており，臨機応変さを犠牲にしていることに注意してください。**

授業の構造

シナリオ型指導案を書く前に，そもそも授業とはどんなものなのかということを明らかにしていきましょう。もしあなたが今までに全く授業をした経験がなかったとして，例えば教育実習などで「さあ授業をしてください」と言われたらどうするでしょうか。どんな授業をするのでしょうか。当然のことながら立ち往生してしまうことでしょう。もちろん指導案を書いてくださいと言われても同じでしょう。私は大学で教職課程を履修する学生に教えているのですが，教職を取り始めの1，2年生はおそらくどうしたらいいか全くわからない状態ではないかと思っています。とりあえず，自分がこれまで受けてきた授業のまねをするのが精一杯ではないかと思います。

国語なら本文を読み，漢字練習をして，段落分けをし，小説の主人公の心情を考え…。数学なら公式を教え，問題を解かせ，社会なら地図帳や資料集を開いて，教科書の太字を説明して…。

しかしながら，ただ授業のまねごとをするだけでは良い授業にはなりません。授業をそのように行なう意味や目的が教師に希薄である場合には，その授業は生徒にその科目の無意味さを感じさせてしまう，「有害な」授業になってしまうのです。

まねをすることが悪いのではありません。むしろ**私はおおいに良い授業のいいところのまねをしてほしいと思っています。**問題は，教える目的や授業の目的などを考えないまま，表面的に授業のやり方をまねることなのです。良い授業をするためには，授業の目的を深く理解しつつ，どのように授業を行なったらいいかを考える必要があるのです。

ここでは私が「授業の構造」と呼ぶ，授業の全体像をモデルの形で示したもの（図1）を説明することによって，良い授業をするた

めにどのようなことを考えたらいいのかを明らかにしていきたいと思います。

授業の目的について

あなたには自分が教える科目があります。あなたはその科目をなぜ何のために教えるのでしょう。「先生だから」「教えるのが職業だから」。もっともです。「学習指導要領で教えないといけないと決まっているから」。それもそうです。先生になりたいのが第一で，授業で教えることは二の次だったという人もいるかもしれません。私が大学で教えている教職課程の学生には，とりあえず教員の免許を取りたいだけという人も多くいます。その中には学部の関係で自分が教えたい科目の先生になれないという人もいます。しかしながら，どんな立場であれ，またたとえ教育実習であろうが，授業で教えるからには「外から言われて教えなくてはならない」ではなく，**「教えたいから，伝えたいことがあるから，教えたい」**と思ってほしいと思います。つまり，あなたの科目を教える必然性を持ってほしいということです。これが図1で言うと「その科目を教える目的・目標・意義」のところです。

授業の目的の背後にはあなたの考える学ぶ意味・教える意味がある

授業の目的の背後には，あなたが考える「学ぶ意味」や「教える意味」があります。教員採用試験などでは，しばしば「教師になりたい理由」が聞かれます。それぞれ理由はあると思いますが，基本的には，あなたは学校で何かを学び，その自分の経験をもとに何かを生徒に学んでほしい，教えたいと思って教師になろうと思ったはずです。（人によっては自分は教師から何も学べなかった，自分ならもっと生徒を教えることができる，と考えて教師を選ぶ人もいますが）。

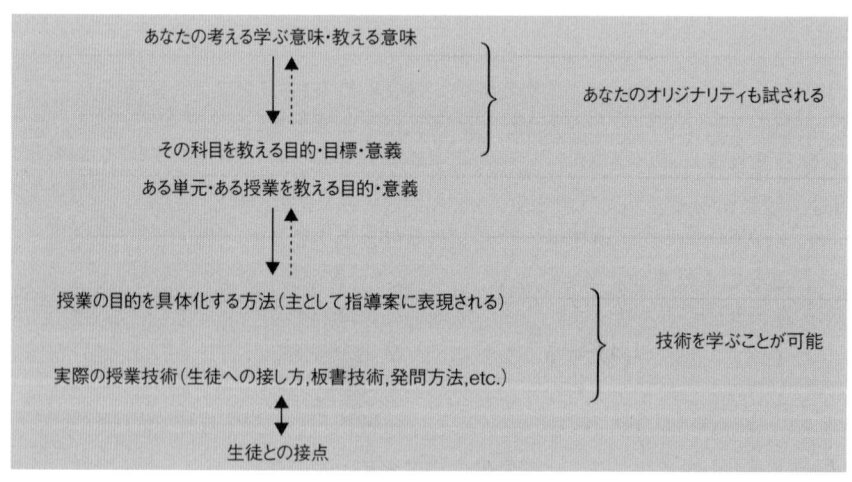

図1　授業についての模式図

では，いったいあなたは何を生徒に学んでほしいのでしょう。何を教えたいのでしょう。なぜ学んでほしいのでしょう。なぜ教えたいのでしょう。これらのことは，**あなたが教師をする上での原点であり，根本的なところで授業に反映されるものです。**

　例えば，あなたが理科の授業を受けて，「学ぶのは楽しい」「わかることは面白い」と考えていたとしたら，何とかして楽しくて面白い授業を組み立てようとしたらいいでしょう。また例えば「学ぶことによって視野が広がった」と考えたなら，どのような授業にすれば生徒の視野を広げられるのかを考えて授業を組み立てるのです。

　ただし後の「授業の作り方（授業のレシピ）」でも述べるとおり，いつでも全面的に反映させる必要はありません。それぞれの教材にはある程度社会的に認められる学ぶべき理由がありますし（なければ教科書に載っていないでしょう），授業の目的は教材に応じて複数を使い分けられることが大事だからです。あなたの考える学ぶ意味・教える意味は，根本において忘れないようにするもの，教える意味が曖昧になったときに立ち返る原点と言っていいでしょう。

「自分なりの」学ぶ意味や教える意味を

　ここでは学ぶ意味や教える意味についてコンセンサス（意思統一）を得ようとはしていません。むしろ**自分なりの学ぶ意味や教える意味**を積極的に考えてほしいと思います。なぜなら，今や誰もが納得できる学ぶ意味や教える意味はないと考えられるからです。

　いや，もしかしたら昔からなかったのかもしれません。ただ昔は学校や教師に権威がありました。勉強をさせる強制力がありました。なぜ何のために勉強するのかがわからなくても，やらなくてはならないものという雰囲気がありました。教師も何のために教えるのかなど考えなくても（考えていたとは思いますが），授業をすることは可能だったのです。それは教師たちにとって，実は生徒たちにとっても，疑問を持たずに前に進むことのできる幸せな時代だったのかもしれません。

　しかしながら，今の学校や教師に生徒たちが疑問を持たずに勉強をすることを可能にする権威はないだろうと思います。今の生徒たちは，勉強することは当たり前だと思えず，自分たちが納得できるような学ぶ意味や教えられる理由を求めているのです。それは言葉で説明してもらうことかもしれませんし，実感として学ぶ意味を感じられること，例えば「わかった！」という気持ちを感じられることかもしれませんが，いずれにせよ生徒たちは学びがいを求めているのです。

　その一方で教師は学ぶ意味や教える意味を考えずに授業をすることができます。なぜなら教科書があるからです。受験があるからです。教科書に載っていることを，また受験で出ることを教えていればとりあえずは授業をすることができるのです。ここは受験に出るぞ，と言っておけばとりあえず学ぶ意味になってしまうのです。

　しかしながら，それは生徒たちを本当の意味で納得させる学ぶ理

由にはなりえません。受験のため，教科書を教えるためいうことだけを教える理由にして教えたとしても，生徒にとってそれは教育という権威に寄りかかって意味のない勉強を強制していることに過ぎないでしょう。

　生徒たちは，あなたがなぜ何のために自分たちに教えようとしているのか，その理由を深いところできっと求めているのです。またあなたも自分がなぜ何のために教えるのかが明確でなければ，生徒に自信を持って教えることができないでしょう。だからこそ「あなたが考える，教える理由・学ぶ理由」を明らかにして，それを少しでも多くの生徒に対して説得力あるものに深め，授業で実現することが大事なのです。

学校の勉強はスコップで穴を掘ることである

　ちょっとたとえ話をしましょう。ここにスコップがあります。私が今から外に出て「スコップで穴を掘れ」と言ったらあなたは掘るでしょうか。きっと掘らないでしょう。必然性がなければ。きっとあなたは言うでしょう。「なんで？」と。このたとえは授業のあり方を非常に象徴的に示しています。学校の勉強は，それ自体はスコップで穴を掘ること，つまりそれ自体はよく意味がわからないことです。なぜなら，いまやすべての人に納得してもらえるような学ぶ意味は語ることが難しいからです。また，そもそも授業で学ぶことは本質的には普段の生活で学ばないことばかりなのです。普通に生活していて誰もが学べることであったらわざわざ授業で教える必要がないからです。

　学ぶ意味は自分で見つけ出すものだと言う人もいます。私も最終的にはそうなのだろうと思います。しかしながら教師は生徒から見れば，自分たちにスコップで穴を掘ることを強制している人なのですから，「学ぶ意味はきみたちの自主性に任せます」と言って，理由を自分で考えさせて穴を掘らせることは教育放棄と言っていいでしょう。「スコップで穴を掘りなさい。理由は自分で考えなさい」では，生徒も穴を掘る気も起こらないでしょう。教師はスコップで穴を掘ることを強制する以上，なぜ穴を掘るのか，その**理由・必然性**を，**言葉で，態度で，授業の内容で**伝える義務があるのです。

　必然性は例えば「花壇を作るため」かもしれません。私がかつて受け持った農学部の学生に聞いた話では，農学部には「農業実習」という授業があって，野菜を育てているのだそうです。「スイカができないと単位がもらえません（笑）」と言っていましたが，この授業であればスコップで穴を掘ることに必然性があるでしょう。また例えば「身体を鍛えるため」かもしれません。「穴を掘ること自体には意味はないけれど，穴を掘っていると体が鍛えられるのだ」と伝えることができるかもしれません。また「穴を掘ることが楽しいことを伝えるため」かもしれません。小さな子どもは穴を掘ることが大好きです。私の子どもが通っていた保育園には，おもちゃのスコップと一輪車があって，子どもが穴を掘った土を一輪車にいれ

て運んだりする遊びをしていました。あるときは，自分たちでおもちゃを埋めて，それをスコップで掘り出して，「化石が出た！」と遊んだりしていました。生徒たちは知らないかもしれないけれど，実はスコップで穴を掘ることは楽しいということを教師が知っていて，その楽しさを実感させるために授業をする，ということもありえます。

　もし教師自身がスコップで穴を掘ることの理由・必然性を見出せないなら，教師を続けていくことは非常に困難なことになってしまうことでしょう。人間にとっては意味がないと思えることを続けるのはとても苦痛なものだからです。また自分でも意味がわからないことを生徒にやらせるのは，意味のないことを生徒にやらせることによって生徒に苦痛を与えることであり，とても非人間的なことでしょう。

　教師は生徒にスコップで穴を掘ることを強制する以上，自分自身がスコップで穴を掘ることの意味をわかっていないといけないし，スコップで穴を掘ることの意味を伝えないといけないのです。こう考えてみると授業とは，注意をひきつけて，スコップでの穴掘りに参加させ，穴掘りの楽しさや穴掘りに意味のあることを知ってもらい，可能であれば自律的に穴掘りをする人になってもらうことと言ってもいいでしょう。

授業作りの背骨

　ここまで学校の勉強と授業のあり方についてスコップで穴を掘ることでたとえてきましたが，実はこのたとえは授業作りの基本中の基本（私は授業を一本貫くものという意味で，授業作りの背骨と言っています）を説明するものにもなっています。さきほど理由や必然性の違いで3つのスコップで穴を掘る授業を行いました。畑を作るためにスコップで穴を掘る授業，身体を鍛えるためにスコップで穴を掘る授業，スコップで穴を掘ることの楽しさを伝えるための授業。どの授業も同じスコップで穴を掘るための授業ですが，穴を掘る理由や必然性，目的が変われば，授業は少しずつ，もしくは大きく異なってきます。ここに授業作りの一番の基本があります。つまり，**たとえ同じ内容の授業でも，授業の目的が変われば違う授業になる**ということです。ある単元，ある内容について，**どのように授業を作ったらいいのか（HOW）は，その授業の目的は何なのか（WHY）が決める**のです。これこそが授業作りの背骨であり，授業の目的を設定することがその授業に一本筋を通すことになるのです。

「あなたが学ぶ意味」があなたの行う教育の一番のヒント

　教師は，自分で意識しないにせよ，スコップで穴を掘ること（＝学ぶこと）の理由を見出した人と言えます。では，あなたがスコップで穴を掘ること（学ぶこと）を勧めるのはなぜなのでしょうか？

　あなたがこれまで学んできた理由とあなたが教える理由とは密接に関係しています。あなたが教える意味を考えるとき，自分の経験

に基づく「あなたが学ぶ意味」はぜひ大事にしてほしいと思います。数学の問題を解くのが楽しいと考えて数学を勉強してきた人が教師になったなら，その楽しさを大事にしてほしいのです。古文の文章の美しさに感動して国語の教師をめざす人は，その感動を教える意味に反映させてほしいのです。そして，自分の学んできた意味を明確にすると同時に，それをさらに深いもの，説得力のあるものにしてほしいのです。

　例えば数学が得意だったために，数学の教師になった人がいるとしましょう。自分の経験から「問題が解けたときの喜びを教えたい」と考えたとしましょう。でもこれだけでは教える必然性を十分満たしていません。もちろん「問題が解けた喜び」ということを否定しているのではありません。「問題が解けた喜び」の意味を深め，それが生徒にとって何を意味するのかを伝えてほしいのです。

　このことを生徒に伝えるためには，まずあなた自身がその科目を理解することによって何を感じたのか，理解することによって何を得たのか，どんな世界が広がったのか，などを明確にすることが必要です。例えばあなたが美術の教師であったなら，絵を描くことや表現をすることの意味を考えることが必要です。それは当然自分がなぜ表現するのかと密接に関わってくることです。

　「面白ければいいじゃないか！」。これも一つの学ぶ意味だと思います。しかしながら**あなたは生徒から見たら学ぶことを強要する人**なわけですから，彼らに対してあなたは**「説明責任」**を持っているのです。「面白ければいいじゃないか！」と思うのだったら，「どこが面白いのか？」と聞かれたときにきちんと説明できることが必要です。もしくはあなたが感じている面白さを同じように感じさせるような働きかけが必要です。それが学ぶ意味を深めるということなのです。

　たとえあなたが勉強をするに足る十分な理由づけを提供したとしても，それがすべての生徒に受け入れられるとは限りません。なぜなら勉強する理由はやはり最終的には各個人が決めるものだからです。だからここでしてほしいのは，少しでも説得力ある，より多くの生徒が納得してくれる，実際に積極的な行動を引き出せる理由づけを明確にして生徒に伝えることです。そのためにはまず自分が納得して教えられる理由づけが必要なのです。

学ぶ意味・教える意味は見つけ出すもの，創り出すものである

　私が教えている教職希望の学生の中には，学部の関係上，自分が教えたい科目の免許を取れない人がいます。そんな人はその科目を学ぶ意味・教える理由について明確にすることができないかもしれません。しかしながら理由は「あるもの」ではなく，「見つけ出すもの，創り出すもの」なのです。教員免許状を取得するためには，「教科に関する科目」を学ぶことが必要なのですが，**教科に関する科目によって得るべきなのは**，その教科科目の知識はもちろんのことですが，加えてより重要なのは，その**教科科目を学ぶ意味・教える意**

味なのです。図1には，その科目を教える目的・目標・意義やある単元・ある授業を教える目的・目標・意義が授業に反映されることが示されています。単に知識を付けるだけでなく，それぞれの内容の意味を理解することが授業作りにつながっていくのです。そんな教える意味や理由を見出せず，お金のために教師を続けるのでは悲しすぎるでしょう。

「学ぶ意味・教える意味」はいわば「途中経過」です。今，理由が見つからないからといって，教師になる資格がないというわけではありません。正直に言って，私が定時制で教え始めたときにも，そんなことは全く意識していませんでした。壁にぶつかってから意識し始めたのです。しかしながら，やはり学ぶ意味・教える意味は，教師を目指す以上ぜひとも明確にしておいてほしいことです。

もちろん受験のためだけはだめでしょう。そんなことは生徒もわかっているのです。そもそも受験に出るのはその知識が高校や大学，そして社会に出てから何らかの形で意味があると考えられているからであり，それがいったい何なのか，受験の背後にあるより深い学ぶ意味を考えることが大事だと思います。

授業の目的を具体化する方法について

あなたの自分なりの「授業の目的・目標・意義」が明確にならなければ，生徒はなかなかあなたの授業に意味や目的を見出せず，やる気を出してくれません。そもそも授業の目的・目標・意義が明確でなければ，教えるあなたも授業をしていて苦しいことでしょう。私は定時制のはじめの方の授業でいやというほど感じました。ですが，たとえ授業の目的や目標が明確だったとしても，それを実現する方法を持っていなければ，授業は良いものになりません。授業の目標を実現するための授業の方法・授業の技術が重要になってきます。図1では「授業の目的を具体化する方法」です。

授業の目的を具体化する方法では，授業の目的を実現するための授業方法について考える必要があります。「生徒の個性を大事にしたい」と考えるなら，「生徒の個性を大事にするためにどういう授業をしたらいいか」の方法を具体化するのです。ここで方法にこだわるのは，どんなに立派な学ぶ意味や授業の目的を持っていたとしても，それが**生徒に伝わる形で具体化**していなければ，その意図は伝わらないからです。また教師の目指す授業の意味・目的と，実際の授業方法を通して生徒が認識する授業の意味・目的とはしばしば食い違うからです。例えば個性を生かすという授業の目的を持っているのに，答えは一つだけの発問ばかりの授業をしていたら，個性を生かしてほしいという教師の願いは伝わらないでしょう。

また生徒はどうしても授業を「受験のため」と認識しがちです。漫然と授業を続けていたら，生徒は授業を受験のため「だけ」と思ってしまいます。そんな認識を払拭するためにも，つまり授業は受験のためだけではないということを伝えるためにも，しっかりとした授業の目的を持ち，それを具体的に授業の方法で実現する必要があ

るのです。

　ここで必要なのは**理念に基づいた具体的な方法**です。理念あって方法なしではだめですし，方法はあるけれど理念なしでもだめなのです。単に実験させれば，発表させれば，ディベートさせればOKではないのです。なぜそれらのことを授業で行なうのかにつながっていないとそれらの方法も教育効果が半減してしまうのです。授業で行なう働きかけには明確な意図に基づく必然性があるべきなのです。単なるまねごとの授業ではだめなのです。

実際の授業技術こそ生徒との接点である

　さて「教師が目指す授業の意味・目的と，生徒が認識する授業の意味とはしばしば食い違う」ということを言いました。ここで一番問題なのは，**教える技術がヘタだと授業の意味が変わってしまう**ということです。これはある意味当然のことで，「わかる喜びを知ってほしい」とか「自分の科目に興味を持ってほしい」という授業の目的を持つ人が，わかりやすく教えることができなかったり，興味を持ってもらえるような授業ができなかったりすれば，授業の目的は全く果たせないままでしょう。むしろ授業の目的とは全く反対のメッセージを伝えてしまうことになってしまうのです。つまり，この科目は面白くないんだ，というメッセージを伝えてしまうのです。

　すでに書いたように本書は，なぜ授業をするのかという授業のWHYを重視するとともに，**授業のHOW，つまり授業の技術・方法にもこだわっていきたい**と思います。なぜなら，授業の技術・方法は，生徒と直接接するところであるため（図1の「生徒との接点」），生徒に与える影響が大きいからであり，またそれらは教師が学び取ることが十分可能だからです。**授業のWHYは大事ですが，それは授業のHOWを通して，つまり言葉や技術や授業方法を通してしか伝わらない**のです。もちろん，教師が持つ学ぶ意味や教える意味が行動全体を通して以心伝心的に伝わることもあるのでしょう。私自身はその力は実際かなり大きいのではないかと考えています。生徒に慕われるベテランの先生や，成果を上げているクラブの監督・コーチなどは，この「暗黙の哲学」とも言えるものを持っていると思われます。しかしながらそのような暗黙知に甘えていてはいけないとも思います。

　授業を中心とした教育の技術の大切さは，「教育技術の法則化運動」の向山洋一氏が次のように的確に表現しています。

　　　　すぐれた医師の思想は，すぐれた医療技術に支えられる。
　　　　すぐれた建築家の思想は，すぐれた技術に支えられている。
　　　　当然のことである。
　　　　仕事はすべて，専門的な技術に支えられているからである。
　　　　すぐれた教育実践家は，すぐれた教育技術の持ち主でもあった。子どもの可能性を伸ばしていくために，教師は教師の専門

技術をいっぱい身につけなくてはいけない。それをつかいこなせなくてはいけない。
　　　　　（『授業の腕を上げる法則』向山洋一著　明治図書）

　この「教育の法則化運動」については，その運動に基づいて，教育現場に即した技術を書いた書物が多く出版されています。法則化運動については，技術至上主義だという批判もあるのですが，授業のWHYを深めることによって技術至上主義に陥らぬよう注意しつつ，それらの書物も参考にして授業のHOWもどんどん身につけてほしいと思います。
　ところで授業の目的を果たすための方法のハウツーは，指導案に示されるような具体的な授業の進め方だけでありません。それには生徒との接し方や生徒との関係の取り方，話し方など，教師が授業で行なうすべての活動が含まれます。なぜなら生徒は，授業のすべての活動を通してあなたの考える学ぶ意味・教える意味を読みとるからです。指導案に見えてこないさまざまな授業のハウツーは，第3章で詳しく学んでいきたいと思います。

2 シナリオ型指導案の作成

第1節　おいしい授業の作り方

授業のシナリオの作り方（シナリオ型指導案の作り方）

　それではここからは「シナリオ型指導案」をどのように構成したらいいのかについて考えてみたいと思います。シナリオ型指導案は，基本的にほとんど授業経験がない人向けですので，わかりやすいように，教育実習に行って，さあ授業をしてくださいと言われたときのシミュレーションで考えてみましょう。

　まずある教科書の範囲（例えば，教科書の何ページから何ページ，もしくは戦国時代のところとか，光合成のところとか，可能の助動詞 can とか，本箱を作るとか）を教えてくださいと言われるわけです。そこを予習して，授業を組み立てるわけですが…。

　まず何をしたらいいでしょう。何を考えたらいいでしょう。

まず「授業の目的」を考える
　──授業作りで最も重要な第一歩──

　はじめに考えなければならないのは，「この範囲でいったい何を，何のために教えようか」ということです。教員用の指導書や自分で探した資料を予習しながら，その範囲において，自分が何を教えたいのか，何を伝えたいのかを明確にしていくのです。授業をするためには，その範囲での「授業の目的」を明確にすることが必要なのです。

　このときに勘違いしないでほしいのは，「○○について，わかりやすく教える」「○○について，理解させる」というのは，授業を作るための「授業の目的」ではないということです。

　ここで私が授業を作るために必要だと考える「授業の目的」とは，「○○をわかりやすく教え，理解させる」ことではなく，「何のために○○をわかりやすく教え，理解させるのか」「○○をわかりやすく教えることであなたが何を生徒に伝えたいか」ということなのです。

　この違いは非常に重要です。例えば，この意味での授業の目的が明確でなくても，光合成の原理を教えることは可能です。しか

しながら，教員の方で授業の目的が明確でないと，生徒の方は「光合成の原理はわかったけど，いったい何のために光合成の原理を勉強しないとあかんねん？」と思ってしまうのです。これはあくまで推測ですが，この意味での授業の目的が明確でなければ，生徒は，光合成は受験に出るから勉強しなければならないんだなと思ってしまうでしょう。

　ここでの授業の目的とは，光合成の分野なら，光合成の原理が面白いことを伝えるのか，環境問題とからめて教えるのか，それとも農業技術の改良の現状に関連させて教えるのかなど，授業をするにあたってのテーマです。これがない授業は，全体が何のために教えているのかわからないまとまりのないものになり，わかりにくいものになってしまうのです。授業の目的を通して授業全体を統一することで，授業はまとまりが感じられて，わかりやすいものになるのです。

　研究授業などでしっかりと指導案を書くときには，その範囲の「教材観」という言い方で，その範囲の授業で教師が生徒に教えたいことを書くことがあります。またその授業時間だけでなく，単元全体の内容を「単元観」として明確にすることもよく行なわれています。自分が何を教えたいのか，何を生徒に学んでほしいのか，それを明確にすることがまず授業を作る第一歩なのです。

　ちなみに，私が大学で教職履修の学生に教えるときには，この授業の目的はあえて「教師のメッセージ」という言い方をしています。**何か伝えたいことがある授業，つまり教師のメッセージがある授業は教師にとって作りやすく，生徒にとってもわかりやすいのです。**逆に何を言いたいのかわからない授業は，教師にとっては作りにくく，またどんなにわかりやすく教えようとしたとしても，生徒にとってはわかりやすくならないのです。

授業の味付け ──必要栄養素と味付け──

　授業作りのためには，「授業の目的」＝「授業を通して教師が伝えたいメッセージ」があることが最も重要です。しかしメッセージがあれば良い授業ができるかというと必ずしもそうではありません。かつて，教職を希望する学生にメッセージのある指導案を書くように言ったときには，メッセージしかなくて，教科書の教えるべき内容をほとんど教えられておらず，授業として成立していない指導案や，メッセージと授業内容が一致しておらず，メッセージに全く説得力のない指導案がしばしば見られたのです。メッセージだけでも授業は構成できないのです。

　ただ学生にとっては，教科書の内容を教えつつ，メッセージを伝えることは難しかったようで，そのために彼らの授業はメッセージだけしかない授業だったり，メッセージを授業の中に入れられず，結局教科書の内容をただ教えるだけの授業だったりになってしまっていたのです。もちろん，教科書の内容を教えることができれば，最低限の授業の役割は果たしていると言えるでしょう。また教科書

を全く無視して授業を進めるのは現実的ではないし，そうするべきでもないと思っています。教科書で教えるべき内容は最終的には生徒たちにとって重要な受験につながってきますし，何人かの先生で分担して同じ学年の同じ科目を教えている場合には，教えなければいけない教科書の範囲が決まっているでしょう。

　しかしながら，試験のためだけ，受験のためだけに教えるのも悲しすぎるでしょうし，「ここは受験に出るぞ」というメッセージを発し続けることは，その科目を学ぶ意味（「受験のため」以外の学ぶ意味）を失わせるという意味で生徒に対して悪影響です。自分のメッセージと教えるべき内容とをどう調和させて生徒に提示するのかが問題なのです。

　私は，この問題について対処するためには，**授業作りを料理作りにたとえると良いのではないか**と思っています。**授業で教えるべき内容（教科書に載っている内容や受験に出る内容）はいわば「必要栄養素」**です。心の成長？人格の成長？のためには，しっかりと食べる必要がありますが，大根やニンジンを丸のまま生で食べろと差し出してもなかなか食べられないでしょう。「こんなもん食えるか！」と文句が出るだけです。

　受験に出るからといって教科書の内容を意味もわからないままそのまま伝えても，「こんな勉強やってられるか」と拒否されるだけです。

　教師が授業ですべきことは，必要栄養素を自分なりのおいしい味付けで料理して生徒に差し出すことです。「必要栄養素」としての教科書の内容，受験に出る内容を，自分なりの目的やメッセージで「味付け」して，教科書以外の内容も隠し味にして学びがいのある授業を作るのです。

　教師は，教科書という「必要栄養素」を，「授業の目的＝教師の伝えたいメッセージ」で味付けして，「＋αの材料」や「かくし味・スパイス」も加え，おいしく，食べやすい料理（授業）を作る料理人なのです。

授業の作り方（授業のレシピ）
──授業作りを料理作りにたとえて──

　せっかく授業作りを料理作りにたとえましたから，ここからは授業作りのレシピと銘打って，授業の作り方のプロセスを学んでいきましょう。「おいしい授業」を作るためには，どのような手順で作ったらいいのか，何が材料として必要なのかを考えていきたいと思います。

レシピ0：誰に食べさせるのかを考える

　まず教科書という材料を料理して授業を作っていく前に，そもそもその授業という料理を誰に食べさせるのかを考えなければなりません。つまりどんな生徒を対象に教えるのかを考えないといけないのです。もちろん小学生に教えるのか，中学生か，高校生か，何年

生に教えるのかということは当たり前として，自分が教える生徒たちの出来やクラスの雰囲気（元気なクラスかおとなしく発言の少ないクラスか）などを考慮に入れておくことが必要です。教育実習で行なわれる研究授業などでは，「生徒観」としてそのクラスの生徒たちのあり方を書くこともよくあります。

よく学生から聞かれる問いとして，生徒たちの学力のレベル差がある場合，どのレベルに合わせればいいかというものがあります。実際に授業をするためには，よく言われるように，真ん中よりも少し上のレベルに合わせて授業を進めていくというのが現実的なのでしょう。しかしながら，それでは真ん中より下のレベルの生徒はその授業で何をしているのでしょうか。はたしてその生徒はその授業から何かを学ぶことができるのでしょうか。

私は，基本的には授業を作るときには，出来の悪い生徒でも**授業に「参加できるように」計画**をしてほしいと思います。もちろん出来の悪い生徒ですから，その授業を理解するための基礎的な学力不足で，その授業をすべて理解することは難しいかもしれません。だからといってその存在を無視して授業を進めてしまえば，その生徒の人格すら否定することを意味してしまいます。現実的な問題として，そのような生徒は授業を妨害することで自分の存在を主張しようとしたりしますから，遅かれ早かれ授業は成り立たなくなります。生徒のためにも，そして教師自身のためにも，すべての生徒が授業に参加したいと思ったら参加できる授業を作らないといけないのです。

もちろん出来の悪い生徒でも授業に「参加できるように」計画しなくてはいけないとわかっていても，そんな生徒でも参加できるような授業の技術がなければどうしようもないでしょう。ここからの授業の作り方では，生徒を授業に参加させる技術を詳しく教えていきますが，ここではとりあえず使える技術を一つと，するべからずのことを一つ示しましょう。

15 秒復習

一つは，「15 秒復習」です。これはすでに教えている専門用語を使って何かを説明するとき，その**専門用語の意味はもはや忘れているということ**を前提に，ごく短時間で用語を説明して，新しい説明に入るやり方です。

例えば「油脂とは，グリセリンに高級脂肪酸がエステル結合したもの」ということを教えたい，そして「高級脂肪酸」は前回の授業で教えていて，エステル結合は今回初めて教えるとしましょう。そのときに「高級脂肪酸」を何も説明せずに新しいことを説明しようとしても，非常にわかりにくい説明になりますし，前の授業で休んでいた生徒にとっては「？？？？？」でしょう。ただ懇切丁寧に復習をしてしまえば，肝心のエステル結合を教える時間はなくなってしまいます。

そこでこのような説明を入れてみます。「油脂とはグリセリンに

高級脂肪酸がエステル結合したものです。高級脂肪酸は前回の授業でしましたよね。高級脂肪酸とは，(間)炭素が鎖状に10個以上つながったもの(←板書)，Cが10個以上ズラズラ〜〜〜と直線に並んだものでしたね。炭素を10個以上書くのは大変なので，Rと表すということも教えましたよね。もう一度，ノートもしくは教科書○ページを見ておいてくださいね。で，エステル結合ですが…」

　このアンダーラインのところをできるだけ短時間(15秒)で復習してしまい，新しいところを説明するのです。ずいぶん口が回らないとできないかもしれませんが，15秒復習をするのとしないのとでは生徒の理解度と参加度は全く変わってくるでしょう。

「知っていますか発問」厳禁

　すべての生徒を授業に参加させようと思ったら，その目的での「知っていますか発問」は厳禁です。知っていますか発問とは，例えば，鎌倉幕府ができたのは何年？とか，下克上とは何ですか？など，知識を生徒に問う発問です。知っていますか発問は，答えが一つだけの問です。この問いは，生徒が答えるためには正解を言うしかなく，答えのわからない生徒にとっては「わかりません」「そんなこと知るかい」としか答えられない問いであり，「俺には当てないでくれ〜」と身を隠してしまうような問いです。

　このような問を多発したら，**答えのわからない生徒を授業から疎外してしまう結果になるでしょう**。生徒に何か考えさせようとする「なぜですか？」という問いも，それが一つの正解を求めている問いであった場合には，同じように「わかりません」としか生徒に答えさせない問いであり，多くの生徒を授業から排除してしまいます。

　発問は後で述べるように，基本的には生徒を(思考を誘うことで)授業に参加させるためのものなのですが，うまく行なわないと，その意に反して出来の良くない生徒を授業から疎外してしまうということが起こりえます。だからこそ，しっかりとした発問技術が必要なのです。発問技術については後で詳しくコツを示したいと思います。

レシピ1：料理の味付けを決定する

　さてレシピに戻りましょう。すでに述べていますが，おいしくて食べやすい(面白くてわかりやすい)授業を作るためには，教科書という素材を「授業の目的」で味付けることが必要です。レシピ1では，授業の味付けを決めましょう。この味付け決め，授業の目的決めが授業作りにおいては最も重要なところです。

　まず教科書という必要栄養素(教えるべき内容)がありますが，これだけではおいしい授業は作れません。必要栄養素が大根とニンジンだったとして，それだけでは料理が作れないのと同じことです。ではこの大根とニンジンをどのように料理して食べさせたらいいでしょうか。どんな料理ができるでしょうか。あなたならどんな料理を作るでしょうか。

例えば豚汁，なます，ポトフ，おでん，スティックサラダ，筑前煮，カレーとサラダなどいろいろな料理を考えることができるでしょう。

ではここで浮かんだいくつかの料理はどのように選ばれたのでしょうか。あなたが作ろうとした料理の味付けはどのように決められたのでしょうか。まずヒントになるのは大根やニンジンなど素材の持っている特徴でしょう。豚汁などまさに大根やニンジンにぴったりの味付けでしょう。授業でも，各教科，それぞれの単元，ある1時間の授業の教材には，その教材に合う味付け（授業の目的）があります。教科書に載っているすべての内容には，それを生徒に教える意味や理由，目的があるのです。例えば，公民で高校生に三権分立を教えるのには，世界史でフランス革命を教えるのには，英語で関係代名詞を教えるのには，現代文で山月記を教えるのには，生徒にとって何らかの意味があるのです。教師は教材研究を行なうことによってどんな授業の目的がその教材に合うのかを教材観というかたちで理解し，その目的に基づいて授業を作る必要があるのです。

ただその目的は一つではありません。教師の使命（ちょっと大げさですが）は，大根とニンジンを食べさせることです。どのように食べさせるかは教師に任されています。大根とニンジンでさまざまな料理が作れるように，授業もその素材に合ったさまざまな授業を作ることができるのです。だから授業を作るにあたっては，さまざまな目的で授業ができる中で，これと決めた目的にそって授業を作ることになります。

また料理を作るにあたっては，大根とニンジンだけではあまりおいしい料理は作れないのと同じように，授業でもたとえ必要栄養素だとしてもただ教科書を読んでいるだけのような授業ではおいしい授業（生徒の興味を引くような授業）にはならないでしょう。大根とニンジンを食べさせるために豚肉を追加して豚汁を作るように，時間の制約はあるにせよ，教科書に載っていないような最新の話題や面白いネタを織り交ぜることによって，よりおいしい授業が作れるのです。

良い授業を作るためには，授業で教える内容の10倍の知識が必要であるとしばしば言われます。冷蔵庫の中にちょっとの食材しか入っていなければおいしい料理は作れません。それと同じように，授業に関連するたくさんの知識を身に付けていなければ，おいしい授業を作ることはおぼつかないでしょう。それらたくさんの知識をある1時間の授業の中で使うかどうかは別にして，常に知識をストックしておくことはしっかりとした目的のある授業を作るためには必要不可欠なのです。

名店の味付けを盗め

授業作りを料理作りと，そして授業の目的を味付けとたとえたのは，授業作りがある程度のまねができるものでありながら，また教師のオリジナリティを生かせるものでもあるからです。教科書には

だいたい教師用の「指導書」というものが付属についていて，それには各教材の授業の目的や生徒にわからせたいこと，指導のポイントなどが書かれています。これはいわば授業の料理本で，教材という素材を使っておいしい料理を作るにあたって，誰でもある程度おいしくできる授業の目的が載っているわけです。その素材に合った料理の味付けが載っていてそれをまねることで授業を作ることができるのです。

授業作りを料理作りにたとえることによって，上手な先生の授業をまねすることもおいしい授業を作るために大事であることがわかります。教育実習に行ってまず行なうことは，他の先生の授業を参観して感想や気づいたことを書くことなのですが，これは上手な先生のコツを盗み取って授業のやり方を覚えていくためなのです。授業のやり方はまねて覚えるのが効果的なのです。ちょうどおいしいお店の味付けをまねしておいしい料理を作るようなものです。

ただ，やはり料理の基礎を身に付けていなければ，専門店の味はまねることができないでしょう。このテキストを作ったのも，まず**授業作りの基礎の基礎を教える効果的なレシピブック**があればと思ったからなのです。

あなたは何料理がお好き？

また授業も料理もまねをしつつ覚えていくものでありながら，自分の好みや子どもたちの好みに合わせて自分の味を出せるという意味で似ているところがあります。料理人の作る料理の味付けは，その人が修業した料理，例えば日本料理，イタリア料理，フランス料理などがベースになるのでしょうが，教師が授業を作るときにその授業の味付けのベースになるのは，教師がそもそもどんな目的で教師をしているのか，教師として何を生徒に伝えたいのか，その科目全体を通してどんなことを学んでほしいのか，目の前の生徒たちに今何か必要か，といったことになります。つまりすでに述べた「学ぶ意味」や「教える意味」，「科目を学ぶ意味」などが，自分の好きな味付けになります。そんな味付けをベースにして自分の料理を作っていくのです。

例えば，理科を教えるにあたっては，自分が理科を通して生徒に何を伝えたいかが味付けのベースになるでしょう。例えば，日常生活のささいなことが理科で説明できるということの不思議さに引かれて理科の教師になった人は，そのことを味付けのベースにしたらいいのですし，環境問題に関心があって，それを生徒にも考えてほしいと考えた人が教師になった場合には，なんとかして授業に環境問題の味付けができないものかと考えたらよいのです。あなたがどんな味付けが好きかによって授業の味付けも変わってくるわけです。料理人もきっと自分が好きな味付けの料理を作っているはずです。

一つ大学生の書いた指導案例を出しましょう。以下の指導案は商業の「マーケティング」についてのシナリオ型指導案です。教科書

には,「市場調査」や「販売計画」「商品計画」などといった言葉の定義しか載っていませんでした。例えば,「市場調査とは,消費者がどのようなニーズを持っているかを調べる活動である」などのように,無味乾燥な説明しかなされていなかったのです。それを彼は自分なりの味付けで料理して,わかりやすい授業にしたのです。

本時の目的
　マーケティング全体の流れを理解させ,マーケティング活動の必要性を理解させる。

本時の指導過程
　(意図)マーケティング活動の重要性を理解させる。
　「今日はマーケティングの内容について勉強するわけですが,これから出てくるマーケティング活動と言うのは,その成果がそのまま商品の売り上げに表れるほど重要なものです。みんなが物を買うとき,何を基準にして買うのか,何が決め手になったのかなどを作る側や売る側の人たちは,常に考えているんだよ。今日は,製造業者や流通業者の立場になって(杉浦コメント:このような誰かの立場になってみるという働きかけはgood。歴史の授業などでも使える)マーケティング活動を考えてみよう。」

　「製造業や流通業にはいろいろな会社があるし,商品もたくさんあるけど,今日はわかりやすく一つにしぼって,スポーツメーカーで働いていて,ラケットを売るという立場で考えてみてください。」(コメント:ここがこの授業の一番のミソ。この指導案の作成者はテニス部なのだ)

　(意図)教科書の説明はあえてしないで,いろんなアイデアを出せるようにする。
　「これから教科書に載っている1～6のマーケティング活動を実際に体験してみよう。それぞれの意味は教科書に書いてあるので,あえて説明しません。みんなならそれぞれの活動でどんなことをしてみたいか,独自のアイデアを出してみてください。」

　(発問)「それではラケットを作って売るというスポーツメーカーの立場で,市場調査をしてみよう。みんなならどんな場所でどのように市場調査をしますか?」

　(生徒の答え予想)
　場所:テニスコート,試合会場,テニスショップなど。
　内容:どこのメーカーのラケットを使っているか,形はどんな形が好きか,重さはどれくらいが良いかなど。

　(意図)市場調査は場所が大事ということを教える。また市場調査がどのように売り上げにつながるのかを説明。
　「市場調査で大切なのは,調査する場所なんだよね。ラケットについての調査だから,テニスをしている人に聞かないと意味がない。ってことでテニスショップやテニスコートでの調査はとても有効だよね。聞く内容もみんなが考えてくれた内容の答えを集めれば,テニスをしている人がどんなラケットが好きで,使いたいか,ってことがわかってくるよね。それをもとにしてラケットを作れば,当然そのラケットは良く売れるということにつながるんだよ。」

（意図）販売計画の説明。
「次に考えるのは販売計画です。これをスポーツメーカーのラケット販売担当で考えると，『このラケットを○○本売ろう』という具体的な目標を立てることだよ。ここで大切なのは，ここの地域では何本，ここのショップで何本など，できるだけ細かく具体的に計画を立てることだよ。」

（意図）商品計画が，市場調査，販売計画とどのようにつながっているのかを理解させる。
「次は商品計画という活動をします。商品計画には製品計画と仕入れ計画とがあるけど，メーカーの場合は，製品計画のほうを考えます。ここでは市場調査で得た情報でどのようなラケットを作るか，また，販売計画で立てた目標をもとに，いつ，何本生産するかを考えるんだよ。」

（発問）「次に販売価格を決定するのだけれど，価格って買うかどうか決めるときにとても重要だよね。みんなならどうやって価格を決める？　また安ければ安いほど売り上げもいいのかな？」
（杉浦コメント：発問はいいけど，二つの発問をいっぺんにしないほうがよい。もしくはいっぺんに聞いてから，もう一度，一つ一つの発問に答えてもらう形にしたほうがよい）

（生徒の答え予想）
他のメーカーのラケットの価格と比べる，これまで出してきたラケットの価格に近くする，安ければ安いほどいいとは思わない，など。

（発問）「なぜ安ければ安いほどいいとは思わないの？」

（生徒の答え予想）
材質を安いものにしているのではないかと心配になる，すぐに折れたり曲がったりするのではないか，など。

（意図）ラケットのような趣味などで買うものは，安ければ安いほど売り上げもよいということはないことを説明。
「販売価格を決めることってとても難しいことなんだよ。みんなが言ってくれたように，競争メーカーの価格と比べないといけないし，メーカーの信頼性やブランドイメージを大事にしないといけないから，安すぎるというのもよくないしね。ラケットは生活必需品ではないし，消耗品でもないから，必ずしも安物を買ってくれるとは限らないんだよ。このようにさまざまなことを考えて販売価格は決定されるんだ。」

「次に流通経路を決めます。ここでは生産したラケットを消費者の手元までどのような経路で届けるかを決めます。どの卸売り業者・小売業者を経由してテニスショップへ届けるか，または直接届けるかを決定するんだよ。」

(発問)「最後に販売促進というものを行ないます。どんなことをしたらそのラケットの売り上げが良くなるかということなんだけど，みんなならどんなことをするかな？」

(意図) 生徒独自のアイデアを期待する。
(生徒の答え予想)
かっこいいCMを作る，町中に広告を貼る，など。

(意図) 販売促進にはいろいろな方法があることを説明する。
「みんなが言ってくれたかっこいいCMを作ったり，広告を貼ったりすることは販売促進の重要なことで，それを見て買う気になったりすることも多いよね。またラケットで考えてみたら，有名選手をCMに使ってみたり，強い選手にラケットを無料で提供して使ってもらうということも販売促進になるよね。強い人やうまい人が使っているラケットを見て，『あれを使えば僕も…』なんて考えてラケットを買う人も少なくないんじゃないかな。」

(意図) まとめ
「今日は，マーケティング活動の流れとその必要性を考えるということで，実際にスポーツメーカーでラケットを売るという立場で考えてもらいました。みんないろんな意見を言ってくれたけど，そのすべてがマーケティング活動では重要なことで，みんな独自のアイデアや考えが直接商品の売り上げに関わってくるということもわかってくれたと思います。このマーケティング活動は，もしみんなが社会に出て，商品を作ったり売ったりするときに，一番苦労しなければいけないことです。商業を学んでいく上でも基本になることなので，自分なりにもう一度考えてみましょう。」

実はこの指導案には発問の仕方など，まだまだ改善の余地があるのですが，教科書に載っている，教えなければいけない内容（必要栄養素）を，どのように自分の味付けで生徒に提示するのかについて，とても良い例になっています。この指導案作成者はたまたまテニス部だったので，ラケットのマーケティングで授業を作りましたが，**このような自分らしさを出せる「調味料」**となるような趣味・個性を持ってほしいと思います。それは例えばスポーツでも旅行でもボランティアでも何でもいいと思います。調味料として使えるネタを人生経験の中で身に付けてほしいと思います。

もちろんいつもその味付けをしなければいけないわけではありません。素材次第で料理の味付けを変えてもかまわないでしょう。教科書の内容という素材に合うような味付けをしてもいいのです。例えば，光合成であれば環境問題を考えるという味付けが合うでしょう。明治維新であれば，歴史上の人物の生き方から自分の生き方を考えるという味付けが合うでしょう。指導書とは，その素材にどんな味付けが合うかが載っている料理本と思ったらいいでしょう。ただ，指導書をもとにした授業はそれなりにおいしいのですが，もう一つ個性のある味付けも求めてほしいという希望も私にはありま

す。

　もちろん忘れてはならないのは，生徒がどんな味付けの料理であれば食べられるのかを考えることです。私は味付けに教師の好みを大いに反映させてほしいと思っていますが，やはり食べるのは生徒ですから，生徒が食べられるような味付けが必要だと思います。

　ただ蛇足ながら言うと，例えば中学生だからといっていつもかみくだいたものばかりではなく，ときには大人味の料理，例えば最先端の科学の話なども織り交ぜた方が噛みごたえのあるおいしい授業になったりします。このあたりの「隠し味」も後に言う「好奇心の素」になります。

味付けなしでは，わかりやすくかみくだいて教えられない

　教師は教材研究を行なうことによって，必要栄養素を食べやすく料理することが必要になります。つまり，学ぶべき内容をわかりやすく説明できるようになる必要があるのです。このとき，授業の作り方を知らない学生などが陥りやすい失敗は，味付けをしないまま，内容をただかみくだいてわかりやすく説明しようとしてしまうことです。たとえどんなにわかりやすい説明をしようとしたとしても，教師の方に教える目的意識＝授業の目的＝授業を通して伝えたいメッセージがなければ，どんなに詳しく説明しても（むしろ詳しく説明すればするほど）生徒は「何でこんなことをこんなたくさん覚えないといけないんだ！？」と感じてしまいますし，教師の方もその内容のどこを強調すればいいかがわからず，漫然としたわかりにくい説明になってしまうのです。

　例えば，かつて私が見た教育実習生の授業です。この授業では高校の生物の「呼吸」のメカニズムについて教えていました。やっていたのは，エネルギーとしてのブドウ糖がピルビン酸になって，アセチルコリンになって，その後，クエン酸回路でイソクエン酸，α-ケトグルタル酸…などに変化していく過程で，エネルギーであるATPを生み出していくという内容でした（ここではこの内容を理解させようとしているわけではないので，内容自体はわからなくても気にしないでください）。

　実習生はこの内容を説明するにあたりひたすら事実だけを説明する授業をしたのです。確かに必要栄養素は伝えているのですが，生徒たちはまるで呪文かお経を聞いているような顔をしていました。「ブドウ糖がピルビン酸になるときにいくつのATPが算出され，イソクエン酸からα-ケトグルタル酸になるときにはいくつのATPが算出されて…」と延々と続くのです。そして最後に「大事ですからこれらのプロセスを覚えておきましょう」なのです。これでは生徒も学びがいを感じられなかったでしょう。

　呼吸のメカニズムというのは，私たちが今まさに行っていることであり，またスポーツ系のクラブに入っている者にとっては，スタミナや持久力などにも関係する非常に身近な現象です。だから，もっと生徒自身に関係あるものとして授業を作ることができるはずで

す。高校時代，私は生物が好きだったのですが，なぜ生物に興味を持ったのかというと，この呼吸のメカニズムによって当時私がしていた陸上競技の長距離の成績が左右されている（強度が強すぎる運動は酸素が十分取り入れられず，乳酸が算出され，身体が動かなくなってしまうなど）ということがわかったからでした。

例えば，以下のように生徒に関係あるものとして味付けをした指導案を考えることができるでしょう。生徒を授業に参加させることを心がけて呼吸の導入部分を作った指導案です。

（授業途中より）
突然，スポーツの話で盛り上げる。
「先生は，柔道が好きで…みんなはどんなスポーツが好きかな？（スポーツ系のクラブに入っている生徒にやっている種目を聞いてもいいかも）ちょっと教えてくれるかな」
○○くん，…○○くん。
（サッカー，野球，マラソン，100m，ハンマー投げ，水泳，スピードスケート…）

言ってもらったスポーツが「瞬発力を使うもの」「2，3分の競技」「持久性の競技」に分かれたらストップする。うまく出なかった場合には，「こんなのもあるな」と適当に教師が付け加える。

板書はばらばらに書き，おもむろにチョークで囲んで上記の3つに分ける。
1. マラソン，サッカー　2. スピードスケート，水泳短距離，800m，柔道　3. ハンマー投げ，100m走，重量挙げ等

「これらのスポーツに共通する特徴はそれぞれなんだと思います？」
1は？　○○さん　…以下2，3も聞く。

予想：「競技時間が長い，短い」「あっという間に終わってしまうのに疲れる」「パワーが必要」など。
うまく出ない場合は「時間はどのくらいかかる？」「力はどのくらい必要？」などのヒントを与える。

（以上の働きかけはできるだけコンパクトに）

「はい，今回の授業では，これらの呼吸の仕方に注目していきたいと思います。呼吸は呼吸でも，細胞の呼吸，『内呼吸』のことです。1は，マラソンなどはスタミナを必要とする呼吸，2は，スピードスケートなど，2，3分の短時間に力を最大限に出すような呼吸，100m走や重量挙げは一瞬の瞬発力を出す呼吸です。

1は酸素を必要とする『好気呼吸』を主に使うスポーツ，3は，酸素を必要としない『嫌気呼吸』を主に使うスポーツ，2は，『好気呼吸』と『嫌気呼吸』両方を使うスポーツです。それではこれらをもう少し詳しく教えていきたいと思います…」

もちろんこのような生徒に関係あるものとして料理した授業も，ただ説明を機械的に行なうだけの無味乾燥な授業も，生徒にとってはどちらもクエン酸回路のイソクエン酸，α-ケトグルタル酸，コハク酸，フマル酸などといった暗号のような物質名を覚えなければいけないということではいっしょかもしれません。しかしながら，1回授業で説明したくらいでは生徒たちはおそらく覚えられないでしょうから，後でテスト勉強をするときに無意味な呪文だと考えさせるのではなく，自分たちの身体の中で起こっている非常に面白い現象であると考えるほうがきっと覚えやすいでしょう。

　「授業の目的」で味付けるというのは，その授業自体をおいしく（わかりやすく）すると同時に，後でテスト勉強や受験勉強をするとき，学ぶ内容の意味を意識させて覚えやすくするためでもあるのです。

味付けに合わせてかみくだき方は変わる

　授業の内容をわかりやすくかみくだいて説明するためには，授業の目的をしっかりと決める必要があります。料理でたとえるなら，大根やニンジンの料理の仕方が決まるのは味付けが決まってからです。豚汁の中にふろふき大根のような大きな大根が入っていたらびっくりですし，逆におでんに千切りの大根が入っていたらまたそれはおかしいでしょう。味付けに合わせた素材の切り方（かみくだき方）があるわけです。

　授業もいっしょです。授業の目的が決まって初めて授業の内容のかみくだき方や強調点が変わるのです。例えば光合成を教えるとして，地球温暖化などの環境問題と関連させて教えたいと考えたのであれば，光合成が二酸化炭素を取り込んで酸素を放出するというプロセスを特に強調することになるでしょう。さらにアマゾンの熱帯雨林の破壊の話題や日本の森林が果たしている役割の話をすることになるかもしれません。また例えば，植物の中で行なわれている光合成の仕組みが理にかなったものであることの面白さを伝えたいのであれば（考えてみれば，光合成は光と水と二酸化炭素だけでデンプンを作り出すのですから，すごい仕組みです），その仕組みのプロセスを特に強調して教えることになるでしょう。人工光合成の研究が行なわれているといった最新の話題を付け足すこともできるかもしれません。このように授業の目的が決まると，どのようにわかりやすく教えたらいいか，どこの部分を強調すべきか，どんな内容を付け加えたらいいかなどが見えてくるのです。

　以上，授業の目的決めについて，ここまでを料理作りにたとえながらまとめましょう。**教師は教科書という必要栄養素の素材の味を生かしつつ，関連する教科書に載っていないようなプラスアルファの内容を，その授業の中で使えるかどうかは別にしてかたっぱしから集め，これまでの自分が受けたり見たりした授業を参考に，自分の好みや生徒の好みも取り入れながら，いろいろ考えられる授業の目的の中から，「この目的で授業を作る」と決断するのです。**

レシピ２：授業のまとめの言葉（メッセージ！）を考える
レシピ３：授業のまとめの言葉が説得力を持つように授業の構成を考える

　ここはいっぺんに二つの手順を説明しましょう。教科書を予習し，指導書や教科書以外の関連書物，インターネットなども調べつつ，授業の味付けがおおよそ決まったとしましょう。ここから授業の目的を最も効果的に伝えつつ，必要栄養素である学ぶべき内容をわかりやすく説明できるような授業の構成を考えるのですが，ここで難しいのが，多くの素材の中からどれを授業で使い，どのような順番で提示するかです。私が大学で受け持っている教職の学生が困難を感じるのはこの点で，「いろいろ教科書以外の資料を調べて，面白そうなネタを見つけてきたのですが，どうしてもそれを授業の中に取り込むことができませんでした」，「どのような順番で授業を構成したら面白い授業になるかを考えましたが，うまくできませんでした」とのことだったのです。このような授業の構成を決めるために，**授業の「まとめの言葉（メッセージ）」をまず考えてみる**ことをお勧めします。

　授業を計画するときには「導入，展開，まとめ」で構成するのが普通ですが，時間軸にそって導入から考えるのではなく，「まとめ」から考えるのです。例えば，教材研究を行なった結果，光合成のメカニズムを地球温暖化といった環境問題とからめて教えるという味付けで授業を計画しようと決めたとしましょう。そのときにどの教材を使うかをおおよそ選定して，それをもとにまとめの言葉を考えてみるのです。例えばこんなふうです。

　「今日は，光合成の仕組みと光合成が環境を保全しているということを学びました。アマゾンの熱帯雨林がどれだけ地球環境を守っているか，その熱帯雨林がどれだけのスピードで破壊されているのか，そしてその原因は何なのかを学びましたね。今回の授業を通してみなさんが地球環境を守るために何ができるのか考えてほしいと思います。」

　そして，このようなまとめの言葉を基準にして，この言葉ができるだけ説得力を持つように授業を構成するのです。例えば，上記のようなまとめの言葉が説得力を持つためには，必要栄養素としての光合成のメカニズムを説明することはもちろんのこと，アマゾンの熱帯雨林の環境に対する働きや近年の熱帯雨林の乱伐の資料，地球温暖化防止会議の決議などを提示することが必要になってくるでしょう。まとめの言葉を考えることによって，授業で教えるべきことが決まるのです。

授業にはあなたの伝えたいメッセージを

　まとめの言葉が授業の構成を明確に決められるようなものにするには，それを単なる授業の内容をまとめたものではなく，その**授業を通して教師が伝えたい「メッセージ」**とするのがいいでしょう。授業の目的をメッセージの形にすることで，授業の構成の方向

性が明確になるからです。例えば「この分野は面白いんだよ！」というメッセージであれば，とことん授業を面白く構成したらよいのですし，「江戸から明治の過渡期に活躍した維新の人々を学ぶことで，自分の人生について考えてほしい」と考えたら，必要栄養素を教えながら，授業の中心に自分について考えさせるような働きかけをしたらいいのです。伝えたいことが一つでもあったら，授業はその伝えたいことを中心としてまとまりのあるものになるのです。当然，ここでのメッセージは「ここは試験に出るから（受験に出るから）覚えとけ」だけにとどまらない，「試験にも（受験にも）出るし，またもっと大事な意味もある」というメッセージにしてほしいものです。

ちなみに，私が大学でシナリオ型指導案を書かせている授業では，シナリオ型指導案の最後に必ずこのまとめのメッセージを書くように指導しています。そのときには，この最後のまとめのメッセージを伝える時間があるかどうかはわからないし，実際の授業でもそう毎回毎回メッセージが伝えられているわけではないのだけれど，**よい授業の背後には教師のメッセージが隠れているのだよ**，と言っています。

なお，ここでのメッセージは，あくまで生徒へのメッセージであることが大事だと思います。例えば，「温暖化問題は解決すべき重要な問題なのです」だけでなく，「温暖化問題は**こういう理由でみなさんにとっても重要な問題なのです**」と伝えてほしいということです。そうでなければ，生徒たちはそれが重要であると言われても，自分たちに何の関係もないと思ってしまったとしたら，それを意味のあるものとして捉えられないからです。**学ぶ内容が自分に関係があると感じられて初めて，生徒たちはその意味がわかる**のだと思います。

以上，ここまでの授業作りのレシピを一般化して考えてみると，「教えるべき必要栄養素の内容（教科書の内容）の確認→授業の目的（授業の味付け）を決定する→授業最後のまとめのメッセージを考える→最後の言葉が説得力を持つような授業の展開を考える」という流れになります。

メッセージを伝えるためにはしっかりとした必要栄養素が必要

この授業のレシピにおいてしばしば陥りがちな失敗は，メッセージが強すぎて内容が伴っていない場合です。ある学生の書いた指導案例では，差別の問題を扱った授業で「差別はいけない」というメッセージはあるのだけれど，どうして差別が起こってしまうのか，なぜ差別はなくならないのかなど，教科書に載っているような学ぶべき内容が全くない指導案がありました。それでは「差別はいけない」というメッセージが説得力を持ちません。また環境問題を扱った指導案でも同じ問題が起こっていました。メッセージ性が強い授業にこそ，説得力のためにしっかりとした必要栄養素がほしいのです。また，もし強いメッセージに基づいた授業であれば，必要栄養素も

その意味が明確に伝わってわかりやすい，覚えやすい授業になるのです。

以下の指導案例は，しっかりとした必要栄養素を教えつつ，メッセージも伝えられている授業です。この授業であれば，メッセージも伝わるし，同時に試験や受験にも役立つでしょう。

シナリオ型指導案　高校歴史　聖徳太子

本時の目的

聖徳太子がめざした天皇中心の政治のあり方を冠位十二階，十七条の憲法，遣隋使を中心に理解させる。また，なぜそのような政策，制度が必要だったのかについても考えさせる。

本時の指導過程

さあ〜，今日は何しようかな〜，あっ突然ですが，みんなは一万円札って持ってる？最近の高校生は金持ちだから持ってるよな〜。

Q1. ほな，一万円札に描かれているおっちゃんの絵，誰だか知ってる？
　A. 福沢諭吉／知らな〜い

（意図）まずは，簡単な発問から授業に入っていく。

注意：簡単な発問なので「知っていますか発問」でも差し支えはない。

まあ，みんな知っているとおり，福沢諭吉だよね。

Q2. そしたら，昔の一万円札には誰の顔が描かれていたか知ってる？　次の選択肢から選んでな。わからんかっても，勘でどれかに手を挙げてな〜。
　A 卑弥呼　B 聖徳太子　C 豊臣秀吉　D 徳川家康
　→全員に挙手させる。

Bの「聖徳太子」が多いようだけど，その通り，みんなよく知っている【聖徳太子】って人だね。

（大きい絵を見せる）そう，このおっちゃんが昔の一万円札の顔やったんやで。

（意図）これから授業を進める上で，授業の方向を聖徳太子に向かせる。

Q3. では，この聖徳太子という人は何をした人でしょう？　中学で習ったやろ？　さ〜なんやったか思い出してや〜。
　A. 何かすごいことした人。／冠位十二階とか十七条の憲法つくった人。
（意図）中学で学んだはずの知識を引っ張り出させて，授業を理解させやすくする。

注意：特に答えを求めているわけではないので，完璧な答えを要求していない。

その通り，ほな聖徳太子について少し紹介していこか。
　→杉浦コメント：もう少し授業の目的を明確に伝えて。例えば「それでは，今日の授業は，聖徳太子がいったいどんな政治を行なったか，彼が何を目指していたかを勉強していきたいと思います」など。

展開1　聖徳太子という人
　太子は，太子のお母さんが馬小屋で産気づいたので，最初，厩戸皇子（うまやどのみこ）と呼ばれていました。593 年，太子は日本初の女帝である推古天皇に「摂政」つまり，天皇の代わりに実際に政治を行なう人に任命されました。

　なんと，皇子はその当時まだ二十歳だったんです。すごいですね！　今で言えば，二十歳のあんちゃんが総理大臣になったようなものです。
　杉浦コメント：ここは発問をしてもいいかも？　「摂政になったとき，聖徳太子は何歳だったでしょう？」とか。ゆれのないもの発問として使える。

　太子はまず仏教の力で国をまとめようとして，594 年，国民に仏教を崇拝するように【仏教興隆の詔】を出しました。「詔」というのは，天皇さんの命令ってことでしたよね。覚えてますか？

　今初めて聞いたという人手を挙げてください。→半分ぐらい手を挙げる。

　けっこういますね。では，たった今覚えちゃってください。つまり，太子は，［天皇さんの命令で，仏教を信仰しましょう］とみんなに言ったわけです。

展開2　冠位十二階
　603 年，太子は【冠位十二階】という制度をつくりました。簡単におさらいしておくと，冠位十二階というのは，「徳」，「仁」，「礼」，「信」，「義」，「智」，という位をそれぞれ色別にして冠と服の色にし，さらにそれぞれの位に大・小の冠を与えた制度のことです。これだけなら，ただ，位を一目見ただけで見分けのつく便利な色分けにしか思えませんよね。この冠位十二階という制度で忘れてはならない仕組みがもう一つあります。それを説明する前に，

Q4. みんなは，例えば，一生懸命働いても出世できず，裕福な家の子が金に物を言わしコネを利用して何の努力もせずにどんどん出世していく世の中だったら，働く気がしますか？
　A. 働くわけないやん。／あほらしいわ。
　（意図）寝だす生徒もいるだろうから，簡単な発問にする。また，身近な問題のように考えやすい例を出す。

　そうですね。わたしもバカらしくて働く気が失せるでしょう。太子の生きた時代は，

冠位十二階が制度化されるまでまさにそのような世の中だったのです。蘇我氏などの有力な豪族の一族なら誰でも出世でき，逆に身分の低い人はどんなに才能があっても出世できないひどい社会だった…しかし，そこに登場したのが，太子がつくった冠位十二階。位を色分けするだけじゃなくて，もう一つの重要な仕組みがあって，それは個人の才能に応じて位が与えられるというもの。つまり，身分の低い人々も才能とそれを生かす努力次第で出世のチャンスがあるという画期的な制度でした。この制度のねらいは，身分が低くても出世できるという希望を皆に与え，仕事にやる気を出させ，同時に，無能な高級官僚の身分を下げさせ豪族の力を弱めるといったことにあった。豪族の力が弱まるということは，豪族たちを支配しやすく，天皇中心の中央集権国家にしやすいということにもつながるわけです。

展開3　十七条の憲法
　次の年，太子は十七条の憲法を制定しました。憲法十七条とも言いますが，どちらでもいいです。内容は教科書に抜粋されたものが載っていますので，誰かに読んでもらいましょう。→適当に数人あてる。

　まず，一番目に書かれていることは，「争いをやめて仲良くせよ」ということ。二番目に書かれていることは「仏教を敬え」ということ，三番目に書かれていることは，「天皇の詔をよく聞け」ということ，間が飛んで，八番目に書かれていることは，「役人は早く出仕し，遅くまで仕事に励め」といった内容が書かれています。

　生徒に考えさせる。

　では，太子はなぜこのような憲法をわざわざつくったのでしょう？　今までお話してきたことを踏まえて少し考えてみてください。答えは簡単です。そのまんまです。私が何を言っているのか，さっぱりわからん人もいるでしょうから，ヒントを出します。豪族という存在がありましたよね。この人たちが，みんなそれぞれ好き勝手すると困りますよね。そしたら国はまとまりませんよね。ここまできたら答えは出たはずです。答えは，豪族が朝廷の役人として天皇に仕える心構えを示したのです。今まで漠然とルールみたいなものがあったけれど，それをちゃんと文章にし，憲法にして国をまとめる基盤の一つとしたのです。
　（意図）いきなり論述の答えを求めることは難しいので，一度目は考えさせるだけにした。
　では，もう一つ発問します。今度は皆さんに答えてもらいます。

杉浦コメント：説明をするときに，このような「ひとりつっこみ」を多用することで，分かりやすく，興味を引くように説明が可能になる。この説明のしかたは身に付けてほしいコツの一つ。

展開4　遣隋使
　Q5. 国が一つにまとまりつつあります。その場合，同時に気に留めなくてはならないことは何でしょう？

A. …

　私の求めている答えを一発で答えられたらすごいですね。その人はものすごく日本史を勉強していて発問の先が読める人か，完全なエスパーのどちらかですね。まあ，このクラスには，そのどちらもいないと思うので，またまたヒントを出します。

　ヒント　太子は冠位十二階や十七条の憲法，なぜそのようなものを思いついたのでしょう。太子の完全オリジナル？　そこまで太子も超人ではありません。ということは，何かモデルにしたものがあるんですね。もっと言うと，どこかの国を真似したんですね。さあどこでしょう？

　A.　どこやっけ？／隋
　（意図）難しい発問なので段階を分けてヒントを出す。最終的に隋との国交問題にいきつくようにする。

　【隋】，つまり今の中国ですね。おっきい国ですよ，当時から。隋は当時の日本なんかより政治の面でも生活文化の面でも，はるかに発展した国でした。太子が見習おうとしてぐらいですから。そんな超大国の隋に攻められたり，見放されたら大変困りますよね。太子は，国内のことだけでなく国外のことも気に掛けなければならなかったのです。そこで，太子は607年，小野妹子を遣隋使として隋に派遣しました。隋の皇帝煬帝に宛てた，国書と呼ばれるお手紙を持って。

　この手紙がまたすごい内容で，教科書に載っているから誰かに読んでもらおう。→適当にあてる

　この意味わかりますか？　→生徒の反応を見る　（少し間をおいてから，）この手紙は実は，超大国である隋に喧嘩売っているも同じことのような内容だったんです。太子は煬帝さんが怒ることを承知の上で，太陽の昇る東の国を日本とし，太陽の沈む国を隋と書いたのです。実際，日本は中国より東にあるので間違いはないけれど，太陽の沈む国って書かれた煬帝はいい気分しませんよね。なんかイメージ悪いじゃないですか。よくこんな挑発的な手紙を書いて日本は無事で済みましたね。これで煬帝さんがキレて，日本を攻めていたら，今頃日本なんて国は存在しなくなっていたかもしれません。

Q6. では，なぜ太子はこんな手紙を書いたのでしょう。これは非常に難しいので，いきなりヒントを出します。サービスですよ。
　ヒント　隋に下手に出たらどうなりますか？　その後，何かまずいことになりませんか？
　A.　わからん。／言うこと聞かされる。／家来にされる。
　（意図）対等外交という言葉が難しくてなかなか出てこないので，わかりやすいところまでヒントを与える。

　そうですね。一度，隋のご機嫌をうかがうような内容の文章を送ってみたら最後，隋の支配下に置かれかねないと太子は考えたわけです。つまり，太子は隋と対等外交をし

ようとしたのです。お互いの立場が平等ならば，支配されることもなく，隋のすぐれた制度や文化を取り入れやすくなるからなのです。一方の煬帝さんは，この国書を読んで激怒しましたが，太子の堂々とした手紙の内容に心打たれて，裴世清という人を日本に派遣しました。とありますが，実は煬帝さん周りの国にいっぱい敵がいたんですよ。だから，たとえ，小国の日本であっても敵に回すと厄介だと思ったんでしょうね。太子はそこまで計算してこんな内容の手紙を書いたのかもしれません。太子はまた，高向玄理，南淵請安，僧の旻といった人々を隋に送り込み隋の政治体制や学問を学ばせ，日本のために生かさせようとしました。まあ，留学生みたいなもんです。

　トリビア　難しい話が続いて退屈した人もいるでしょう。ほな，ここで，全然授業と関係ない発問をします。「聖徳太子」の絵を見て一つ疑問に思ったことはないですか？この絵をよく見てください。太子は手に何か持ってますよね。これ「しゃく」っていう棒ですよね。でも，いったいこれ何に使うんですか？　常に持っていたらかなり邪魔ですよね？　こんな棒いつも持っているとしたら，みんなは何に使います？　←退屈そうな子に当てる。
　A．背中をかく／人を叩く／武器／当時のファッション
　（意図）聖徳太子の政治を，くだらないトリビアとセットにして少しでも記憶に残るようにさせる。

　違うんだな～これが。確かに当時のファッションではあるけれど。この木製の平たい棒，実は，カンニングペーパーだったんです。太子の絵をよく見てください。太子は胸の前で持っていますよね。実は自分に見える側に，今日のスケジュールや，行事で話さなければならないことが書かれていたんです。手帳兼，カンペだったわけです。太子ほどの人でも，さすがに覚え切れないこともあったんでしょうね。毎日毎日，日本の国のことばかり考えて政治を行なってきたわけですから，少しぐらいは大目に見てあげましょう。だからと言って，君たちもカンニングしてよいとは言ってないで，実力でがんばってください。

　まとめ　太子は，仏教興隆の詔を出し，冠位十二階，十七条の憲法をつくり天皇中心の中央集権国家を目指したが，現実には蘇我氏の力が強く共同統治となりました。また，小野妹子を大使とし，隋と対等外交を申し込んで，隋の政治体制や文化を取り入れました。太子の死後，ある程度抑えられていた蘇我氏の力が復活し，蘇我氏の天下となっていきました。そして，太子の息子，山背皇子は蘇我氏によって殺されてしまいました。

　聖徳太子は，有力豪族が好き勝手に政治を行なっている中，たった一人，本当に日本の国のことを想い，政治体制を改善し，日本の政治を周りの諸外国に劣らぬぐらいのハイレベルなものにしました。今，現在，日本の国の政治はまさに，豪族のような力を持った人間だけが得をする状態にあります。そんな政治を正そうと必死でがんばる政治家

> さんたちもたくさんいます。「聖徳太子」のような救世主がたくさん出てくるとこの国もよい方向へと変われるでしょう。その救世主になれるのは，次の時代を担っていく君たちです。
>
> 　おっと，チャイム鳴りそうだね。今日は聖徳太子について学びましたが，次に現れる歴史上のヒーローは誰でしょう？　それはまた後の授業で。次の時間は太子の生きた時代の文化，飛鳥文化についてお話したいと思います。
>
> 　**杉浦コメント**：いろいろとコツどころ満載の指導案です。最後のメッセージも OK。おおいにまねてほしい指導案です。

レシピ4：今日のメニューを知らせているかを確認
　　　——授業は高級フランス料理で——

　授業の目的で味付けをして，まとめのメッセージを考えて，それが説得力を持つように授業の構成を考えたとしましょう。これがうまくいった場合，指導案全体を通して見るとしっかりと授業の目的に味付けされたおいしい指導案になるのですが，それだけでは不十分です。授業全体を通して授業の目的が表れていたとしても，実際の授業は時間にそって行なわれるのですから，前半部分，**特に導入部において授業の目的を伝える働きかけが必要**です。そうでなければ生徒は授業前半で教師が何を伝えたいのかがわからず，途中で授業から心理的にドロップアウトしてしまい，結局授業全体で教師が伝えたかったことを受け取ることができなくなってしまうのです。

　しっかりと授業の目的で味付けた授業であれば，察しのいい生徒は授業の目的をわかってくれるかもしれませんが，それ以上にわからない生徒もたくさんいるわけで，いわばダメ押し的に授業の目的をしつこく「言葉に出して伝える」ことが大事です。この「言葉に出して伝える」ということは実際に授業をしていくにあたってとても重要だと思います。私は大学の講義ではよく「『私はあなたを愛している』と心で思っているだけではダメだ，もちろん心で思っているだけでも，その気持ちはある程度相手に伝わるものだが，それに安心してはダメで，きちんと言葉に出して『愛している』と伝えないといけないし，行動として表さないといけないのだ，例えばロマンティックなデートに誘う，誕生日にはきちんとプレゼントをし，高級レストランで食事をしないといけないのだ（笑）」と言って，「授業もこれと同じだ，授業の目的は口に出して伝え，授業の中の働きかけとして表さないといけないのだ」と言っています。

　料理でたとえるなら，授業は高級フランス料理店での食事であるべきです。つまり，席に着くと今日のディナーのメニューがコック（ウェイター）から一通り知らされて，これからどんな料理が

出てくるのかがわかるというものです。これと同じように，これから授業がはじまる導入部分でしっかりと今日の授業の目的を生徒たちに確実に伝わる形で示す必要があるのです。

　例えば，次の指導案の導入部分は，生徒が全員参加できる効果的な発問を使って生徒をひきつけた後，授業で今日やることの目的（下線部）＝今日のメニューを明確に伝えられています。

本時の指導過程

　こんにちは。今日は教科書226ページからやっていきます。ここから近代，現代の分野になってますね。新しいところからなので君たちも新鮮な気持ちで勉強しましょう。今日は鎖国を続けてきた日本が開国するところを勉強しましょう。

　（資料1を見せる）（それぞれ絵は違うが，どれも実はペリーの肖像画である）
　Q1. この中に同じ人物が何人かいます。1～8のどの人とどの人が同じ人物だと思いますか？
　（意図）気楽な気持ちで授業に参加させる。生徒の意見を聞く。

　はい，どうもありがとう。みんな正解なんですけど実はこれ1～8全部同じ人物なのですよ。みんな資料集の120ページ開いてくれるかな。そう，これは今日の授業の主役であるペリーなんです。資料1の絵とはぜんぜん違いますよね。これはペリーが日本に来たとき日本人が書いた絵です。当時鎖国をしていた日本にとって外国人がこのように恐ろしく見えたんでしょうね。実物の写真にはそんなにひげが生えていないところからもわかると思います。

　板書：泰平の眠りをさます上喜撰たった4はいで夜も眠れず

　これは落首って言います。

　昔，政治や社会の出来事を公に批判したら厳しく処罰されたんですよ。だから名前をかくしてしかも和歌にしてこのように風刺したり批判したりしたんです。

　ではこの落首ですけど，このままじゃあまり意味わかれへんよね。

　上喜撰（じょうきせん）っていうのは当時の高級茶のブランド名のことで蒸気船とかけてるんですね。

　君らも経験したことあると思いますけどお茶を寝る前に飲むと眠れませんよね？　だからお茶を4杯飲んで眠れないっていうのと，蒸気船がたった4隻来ただけで夜も眠れなかったと，この落首は当時の幕府を皮肉っているのです。

　<u>さっきの8つの絵といいこの落首といい，ペリーをとても恐れた日本，つまりたいして強くもない日本をどうしてペリーは開国させようとしたのでしょうか。今日の授業を通して考えてみてほしいと思います。</u>
　→杉浦コメント：授業の目的はこのように明確に！

15秒意味伝え

　さらに言うなら，授業の展開部分でもさまざまな働きかけをする際には，その働きかけの意味についても時間の許す限り伝える必要があると思います。ちょうど「今日のスープは今が旬のソラマメを生クリームとコンソメで味付けたクリームスープです」「今日の魚料理は明石のアナゴのポアレです」などと，料理の紹介をいちいち言うように，その活動を行う意味をさらっと伝えるのです。

　特にこのことが重要なのは英語の授業ではないかと思います。英語の授業では，本文をテープで流す，本を読ませる，声を出して単語を発音させる，ペアで会話させるなど，いろいろな働きかけをしないといけないのですが，何もその意味を伝えないでいると生徒の方はどうしてもやる気になりません。「今からやることはこういう意味があるんだよ」ということを時間の許す限り伝えるべきです。

　先ほど書いた「15秒復習」と関連させたら，「15秒意味伝え」が大事なのです。指導案例を一つあげます。短いせりふですが，下線部のような今からやることの意味を伝えるちょっとした言葉かけが大切なのです。

シナリオ型指導案：高校英語

授業の目的

　今までの常識にとらわれずに，英語として英語を読む

指導過程（高校1年生。2回目の授業）

1. 授業の導入

　おはようございます！　みんな高校生活には慣れましたか？　高校と中学校は違うんじゃない？　特に予習なんか。中学校のときはそんなになかったとか。でも高校に入ったら予習が大切やよ。特にこの授業はね。そこで，宿題の話になるわけなんだけど，1回目の授業で言ってた予習はしてきてくれたかな？　私が言ってたのは『自分の知らない単語や熟語の意味を調べてくること』だったよね。中学校のときはきっと『本文をうつしてくること』っていうことだったんじゃない？　私が中学生のときも本文を写してくることだったのね。だから前回の授業で私が教科書の拡大コピーを配ったときはびっくりしたんじゃないかな？

　私は中学生のうちは『アルファベットに慣れること』が目的だと思ってるのね。だからみんなも私も本文を写してきたんだと思う。だけど，私は高校生はもう違うと思ってるのね。私たちは『長い文章を理解できること』とか，次の段階に来ていると思っています。だから私はみんなにコピーを渡して，読んでいくために必要な『単語調べ』を宿題にしました。決して宿題がないわけじゃないですよ！！

　これからもこの予習は絶対にしてきてね。授業を受ける意味がなくなるからね。

　あと，この授業では教科書はいらないので持ってこなくて良いよ。重いし（笑）いやいや，ほんとの理由は教科書は復習に使ってほしいからね。真っ白な書きこみのない教科書にしておいてほしいの。今は見たってよくわからないし，ちっちゃい字でたくさん書いてあって理解できないかもしれないけど，復習で読んでみると，なんと内容が理解

できるんです！　だから授業ではコピーしたやつをノートに貼って持ってきてください。

2. 授業の中身

①声を出して読む（予習を思い出し，英語を頭に流すことで，頭を英語に変える）
　じゃあまずは授業が始まったことを頭に教えてあげるためにみんなで『ぶつぶつ読み』をしましょう。ぶつぶつ読みって知ってる？　初めて聞くんじゃないかな。
　みんなは今までどんな方法だったかな？　先生が読んだり，一人ずつあてていったり，みんなで同じ速さで読んだり，じゃなかった？　でもね，私が一番一人ひとりにいい方法っていうのは『自分の早さで自分で声を出して読むこと』だと思うねん。だってこれから授業に参加するのはみんなやからね。
　だからみんなに今日はぶつぶつ読みをしてもらいます。ぶつぶつ言うときぐらいの声の大きさで読んでくださいね。はい，じゃあ立ってください！　体もついでに起こしてあげないと。
　じゃあ立って自分の早さで1の文章を読んでください！　読み終わった人から座ってください。
　それじゃあ，始めっ！

（この間，私もぶつぶつ読みながらランダムに生徒たちの間を歩きまわって，やる気を促していく）

　みんなぶつぶつ読んで頭が英語に変わりましたか？　予習で調べてきた単語とか思い出せたかな？
　じゃあ次のステップに行きましょう。

②授業形態への導入
　今から本文を読んでいきたいんやけど，みんな前回配ったプリント持ってるかな？説明するので出してください。はい，じゃあ"I read a book."ってなんて訳す？

生徒『私は本を読む』

　正解！　今までの授業ではね。でも，私の授業は違ったよね。これは『私は／読む／本を』になります。

みんな『…』（変な顔とか）

　今は短い文だからわかるけど，じゃあプリント見てください。みんなも知ってると思うけど，日本語と英語って主語とかの順番が違うよね。今も，英語は『主語，動詞，目的語』だったのに，日本語にあわせて『主語，目的語，動詞』に変えてくれました。でもね，みんなプリントの文を見てください。こんなに長い文章をさっきみたいに日本語の順番にあわせることできる？　それで意味がわかるかな？　きっと難しいと思うのね。だからみんなには『英語を英語として読む，そして理解する』ことをして欲しいねん。

じゃあ例としてプリントの文を解いていきましょう。
　まずこの『／』はスラッシュと言います。ここで区切れてるな，とか，授業中一緒にして行くときに私が指摘したところで区切ってくれたらいいよ。これを入れただけで，ずいぶん前から読むのが楽になるからね。
　じゃあ前から読んでいこう。

　私は／住む／大阪に／私の祖母と／そして／私はテニスをする／毎週末／ひろしと／（ひろしとは）住んでいる／私達の学校の近くに。

　ということですね。これだと意味がわかるよね？　前から読んで，内容さえ理解できたら，テストのときなんかで日本語の語順にすることも簡単だよ。内容がわかるんだから。この文だと，『私は祖母と一緒に大阪に住んでいます。そして私はひろしという学校の近くに住んでいる少年と一緒に毎週末テニスをします』っていう自然な文に訳せるよね。この文章は関係代名詞っていうまだ習ってないものが入ってるからみんなには前から読んでく良さが伝わりにくいかもしれないけど，だまされたと思って，いっしょに前から読んでいきましょう。

　ということで練習は終わりです。いよいよ本文へ。実践しましょう！

③本文を読む（内容理解）
　じゃあ早速本文にうつりましょう。長かったね（笑）　ちょっと疲れたかな？
　（疲れてそうなら1分休憩，と断言して1分休憩をとる）
　そしたら始めましょう。一人ずつばらばらに当てていくので，1文ずつ私が読んでいくところを訳してください。

　（ランダム…順番にしてしまうと自分まで時間のある生徒の集中力が切れる。
　私が読む…例えば，私『The　Japanese』でとめて生徒が『日本人は』というようにする。その方が生徒が言葉を発言しやすいし，単語の意味自体は予習で調べてきているのでつまることがない。文や単語を訳す手助けもできる）

　…はい！　じゃあつぎは○○くん。（2文目完了）

　はい。じゃあここでいったんストップね。この文の中でにおうところない？　ちょっと他とは違う匂いをはなっている集団があるよね？　一般的には熟語と言うのだけれど。どこが一番におう？

生徒『are all made from soybeans』

　そうそう！　きっちり言うと『make from』の熟語ね。これは今のように『〜から作る』っていう意味で使うんだけど，ココでみんなに気にしてほしいのはこの訳が『〜から作る』ってことではないのね。みんなには特別にいいことを伝授しましょう（笑）
　『〜から作る』っていう熟語が他にも make を使ってあるの知ってる人，ちょっとア

ピールしてみて！（別にあてることや知ってることを目的としておらず，興味を引くために言う）　実はね，『make of』っていう熟語も同じ意味やねん。でも，そしたらおかしいよね？　じゃあ二つある理由は何だろう…。実は…make from は『材料の質が変化するとき』，make of は『材料の質が変化しないとき』に使うねん。この場合やと，大豆の豆が豆腐や味噌を作るって言ってるんやんね？　みんな，じゃあ3歳の頃くらいに戻って！　豆腐が大豆からできてるって知らない頃にね。それで豆腐を見ても，白くて柔らかいかたまりが，小さいかたい豆からできてるってわかる？　わからないよね？　だからこのときには of じゃなくて from が使われてるんやね。

（板書）Be made from →材料の質が変化するとき
Be made of →材料の質が変化しないとき

そしたらここでみんな文を作ってみよう。例えば，みんなが座ってるその机，何からできてる？

生徒『木？』

そうやね。みんなもすぐに木からできてるってわかったよね？　それは見た目がそのままだったからやよね？　そしたらノートに『私たちの机は木でできています』って書いてみよう。このときに使う熟語はどっち？

生徒『make of』（間違えたら上の説明をしなおす）

そうやね。じゃあ教科書の『soy sauce are made from soybeans』を見て，これを入れ替えて『私たちの机は木でできています』に変えよう。1分でしてみてください。

（板書）Soy sauce are made from soybeans.
しょうゆは／できている／大豆から

（適当に見まわって手が止まってる子がいないか見まわる）

じゃあ1分たったのできくね。この黒板みたいな日本語の並べ方にしたら『私たちの机は木でできています』っていうのはどういう並び方になる？

生徒『私たちの机は／できている／木から』

じゃあこの黒板の文に英語を当てはめていきましょう。この Soy sauce のところにはさっき言ってくれたみたいに『私たちの机』が入るんだったよね？
次は，一番最後，soybeans ね。これには『木から』が入るんだよね？
じゃあこの真ん中なんだけど，机って，みためそのままだから『make of』だったよね？
そしたら○○さん，正解を教えてください。

生徒『Our desks are made of wood』

　　大正解！！　しかもwoodは実は複数形にしなくていいんだけど，それはまた別の話ね（笑）。今はそんなこと気にしないで，この二つの違いと，一つの文を覚えたら応用して他の文も作れることを覚えてね！
　　でもBe made from →材料の質が変化するとき
　　Be made of →材料の質が変化しないとき
　　っていうのは絶対おぼえてほしいから，今暗記してもらいます！
　　そのために時間を…1分あげましょう！　1分で暗記してください！　スタート！！

　　（ぐるぐる回ってやる気なさそうな子のやる気をだす）

　　はい，じゃあ1分たったから終わってください！　ちょっと当ててみよう。(2, 3人)

　　はい！　暗記はここまでね。みんな1分だけど結構覚えられたでしょ？　みんなの集中力って実はすごいねん！　だからそれを使って，みんなどんどん必要最低限のことをたくさん覚えていこう！　今日家に帰ったら，必ず，この二つの違いをもう一度思い出してみること。
　　より高いレベルを望む，というかテストで楽したい人は『soy sauce are made from soybeans』を丸暗記してみよう。なんか文をまるまる暗記とかって聞くと，ばからしい，とか，しんどそう，とか思う人もいるかもしれないけど，それはないと私は思うよ。今だって，教科書の文を入れ替えただけで，全く違う文が作れたでしょ？　あの文を使ってまだまだたくさん作れるよ。応用ができるとほんとに便利だからみんなもぜひチャレンジしてみてね。これからもみんなの役に立つと思うから。

　　じゃあ次ね。次の文を○○さん，訳していこう。

　　（授業時間5分前まで教科書をすすめる。でもきっとそろそろ終わり）

　もちろんこの意味伝えを毎回の授業の中で何回も繰り返し，意味を十分に認識させたなら，後は「さあ，いつもの活動をしましょう」で行けるようになるでしょう。このことから私は，英語の授業は体育や部活のトレーニングが参考になると思っています。野球部のトレーニングが投げる，打つ，走る，守るなどいろいろな要素をバランスよく行うように，英語も読む，書く，聞く，話す，の4領域をバランスよくトレーニングしていくことが重要であると思います。

闇なべはちょっと難しい

　授業には高等テクニックとして，導入部分では「授業の目的」をあえて隠し，ある程度授業が進んでから種明かし的に授業の目的を伝えるというやり方もあります。後の発問のところでもお話しますが，授業を興味あるものにするためには，言いたいことをすぐに言

わず，謎解きのような発問にして伝える「**教え惜しみ**」というテクニックを使うのが効果的なのですが，そのようなテクニックを実習生など授業技術が十分でない教師が使って「目的」を隠して授業を進めると，結局何をしているのか全くわからない授業になってしまうのです。授業の経験の少ない教育実習生などは，目的を隠す授業展開は避けた方が賢明でしょう。授業技術が十分でない場合には，しつこいほど，それこそ自分で自分に言い聞かせるくらい導入部分で授業の目的を話したほうがいいと思います。

　特に美術や技術など実習系の科目や理科の実験の授業などは，授業の導入部分でどれだけ実習の目的やねらいを意識させられるかが勝負です。これができないと，生徒たちは授業の展開部分，実習部分で「わけもわからないまま，スコップで穴を掘らなくてはならない」状況におかれることになり，そのことに集中して取り組めなくなるのです。導入部分でメニュー（授業の目的）を明確に伝えられている指導案の例を載せておきます。参考にしてください。

シナリオ型指導案　高校美術　春のコラージュ

本時の目的

・自作の色紙をコラージュして「春」という題で始まりの季節を表現させる。
・コラージュの面白みを知ることから造形美術に親しませる。
・試行錯誤しながら，色や形にすることで，自然と自分と向き合い，言葉では表現しきれなかったものを表現し，認識する。造形表現の可能性の大きさを発見させる。

本時の指導過程

（導入１：今回のテーマ「春」を知る）

「春」始まりの季節，と板書する。

「今日は１学期初めての課題です。新しい１年の始まりというわけなので，「春」という題で始まりの季節を表現してもらいたいと思います。一般的なイメージにはこだわらなくていいから，自分の思う「春」・「春」に感じることなどを大切にしてな。」

....

（導入２：今回使用する技法，コラージュについて理解する）

「はい，それではこれを見てください。」

（２種類の作品例を黒板に貼る。Ａはポスターカラーによる着彩。Ｂはちぎった包装紙や折った紙，紐などを使ったコラージュおよびさまざまな写真を切り取ったコラージュ）（実際の指導案には絵が書いてありました：杉浦コメント）

「これを見た時点で，今回は色を使ってやるということはわかったと思うんやけど…。」

> 発問1「このAとBの二つの作品，どんなところに違いがあるかな？ Aは絵にそのまま絵の具で塗っているんやけど，Bはどうかな？」
>
> 答えの予想：いろいろなものを貼っている，Aよりも立体感がある，など…
>
> 「うん，Bは折った紙，紐，写真などさまざまな素材を張り合わせて表現しているね。塗っただけのAに比べると立体感もあります。このような技法をコラージュと言います。」
>
> 「コラージュはBのように何を使ってもいいんやけど，今回は自分だけの色紙を作って，自分だけの『春』というものを作り上げていってもらおうと思います。」
>
> ──────────────── 以上導入
>
> （課題の具体的内容を知る）
>
> 黒板に「自分だけの色紙」と書いて，独自の表現を目指させる。
>
> 25cm角の大きさの台紙を配る。
>
> 「この台紙に貼っていってください。これにも色をつけていいよ。色紙は自分のスケッチブックに作ってください。色は自由やから，自分の『春』にいるものを作っていってね。」
>
> 平塗りでもかまわないが，工夫したり個性をより出させるために，千代紙やグラデーションの色紙を見せたり，スパッタリング・ドリッピングされた作例を紹介する。
>
> 発問2「さてさてじゃあ，『春』の始まりの季節に思いつくこと，感じるものをあげてみよう。」「春と言えば…じゃあ，○○くん。」
>
> 予想：桜，花，若葉，新学期，入学式，楽しい，暖かい，わくわく，不安等（板書する）
>
> 花や若葉などの具体的事物と感情などの抽象的事柄の両方に目を向けさせ，よりいっそう個性的な表現を目指させる。
>
> ──────────────── 創作開始（以下略）

レシピ5：最後の味見

　最後に味見をしましょう。指導案全体をもう一度見直して，授業の目的がしっかりと口に出して伝えられているか，必要栄養素が入っているか（教えるべきことを教えられているか）を確認してください。特に授業の目的を重視しておいしい授業を作ろうと思うと，どうしても働きかけ・言葉かけに時間がかかるため，授業が終わってみると，教科書の内容がほんの少ししか進んでいなかったということがあります。授業が終わって「結局今日の授業で何を学んだっけ？」と生徒に思われないよう，学ぶべき「必要栄養素」がしっかり入っているかをもう一度確認して，足りないのであれば，働きか

けをコンパクトにして内容をもっと増やすなどの修正を行なってください。

新しい授業のあり方
　ここまで書いてきた授業作りのレシピは，あくまで授業の計画・デザインになります。授業の成否を決めるのは，究極的には必要栄養素を生徒が食べ，消化し，自分のものとしたかどうかで決まると言っていいでしょう。その意味で，授業作りのレシピは授業の成否を決める第一歩に過ぎないと言ってもいいと思います。
　近年では，教師が教えるよりも，生徒が主体的に学ぶことを重視する授業のあり方（例えば，協同学習，学び合い学習，アクティブラーニングなど）も多く見られるようになってきました。これらの授業でももちろん授業の計画・デザインは重要なのですが，本書でここまで示してきたような必要栄養素を料理して食べさせるというたとえではうまく説明できない可能性があります。これらの授業の作り方については，第4章の「おいしい授業の場作り ――授業作りワンランクアップ（応用編）――」で説明したいと思います。

好奇心の素
　ここまで授業のレシピというテーマで，授業作りの基本を明らかにしてきました。この基本を押さえることで，目的が明確で，生徒にとってわかりやすい授業を作ることが容易になります。しかしながら，この基本のレシピを覚えたからといって，生徒が喜んで食べられるような授業になるかというとそうではなく，もうひと工夫が必要です。
　授業作りのレシピは，教科書という料理の素材を授業の目的で味付けて，おいしく料理する方法です。しかしながら教科書の素材だけ材料に使っていても，生徒がおいしいと言って食べてくれるわけではありません。教科書の内容は「（最低限）必要栄養素」であり，それだけでは生徒にとって食べたい気になる授業（学びたい気になる授業）にはならないのです。例えば，どんなにおいしく料理されていても，大根の煮付けだけでは，いまどきの生徒にとってはおいしくないと感じるかもしれません。生徒が食べる気になる授業を作るためには，必要栄養素以外にも，プラスアルファの内容が必要なのです。
　ここでは「好奇心」という言葉をキーワードに，生徒が食べる気になる授業，食べたことに満足できる授業（学ぶ気になる授業，学んだことに満足できる授業）の内容がどんなものなのかを明らかにしたいと思います。**授業には味の素ならぬ「好奇心の素」が入っていないとおいしくならないのです。**
　ここでは，学ぶ気になる内容，学んだことに満足できる内容というものを，それが提示されたときに，好奇心が引き起こされること，そしてそれを学んだときに「あー新しいことを学んだなあ」と感じられること，「へぇ，そうだったのか！」「わかった！」などわかる

喜びを感じられることだと考えたいと思います。

　かつて好奇心は，人の自発的な行動を導く「内発的動機づけ」を喚起する要因の一つとされてきました。動機づけの研究者は，好奇心は一体どのように引き起こされるのか，どんな内容が好奇心を引くのかを研究してきました。そうして明らかにされたのは，「**好奇心はすでに持っている知識と新しく入ってきた知識とに最適なズレがあった場合に引き起こされる**」ということでした。

こ，この味は？　初めて食べる味だ
―― 好奇心の素は「最適なズレ」である ――

　例えば，授業で生徒がすでによく知っている内容を教えたとしても，生徒たちは全く好奇心を引き起こさないでしょう。「へぇ，そうなんや」とは思わず，「そんなんもう知っとるわ！」と思うでしょう。これはすでに持っている知識と授業の内容に全くズレがない状態です。これでは面白い授業にも，興味や好奇心を引く授業にもなりません。「1＋1は2です。わかりましたか？」と言っても，誰もへぇとは思わないのです。**面白い授業をするためには，教師は生徒が何をどのくらい知っているのかを推測して，その生徒が持っている以上の知識を提供する必要があるのです。**

　このことに関する困難は，中学生や高校生に教えるときに，すでに小学校や中学校で勉強して知識をつけてしまっている，もしくは塾で先に進んでいて知識をすでに持ってしまっていることがあるということです。これはけっこう大問題です。なぜならこのことは授業の中で一番教えるべき必要栄養素，教科書自体が面白いものではないということを表しているからです。だからこそ，授業では教科書を教えて終わりではなく，「これは一番出来る生徒も知らないやろ！？」というネタを探してきて，授業の中に取り入れることが好奇心の素になるのです。例えば，すでに指導案例として出した「聖徳太子」の授業では，冠位十二階を制定した理由を教えることで，また聖徳太子の持つ杓（しゃく）の役割という「トリビア」を教えることで，生徒たちの好奇心を満足させています。

指導案例1

展開2　冠位十二階

　603年，太子は【冠位十二階】という制度をつくりました。簡単におさらいしておくと，冠位十二階というのは，「徳」，「仁」，「礼」，「信」，「義」，「智」，という位をそれぞれ色別にして冠と服の色にし，さらにそれぞれの位に大・小の冠を与えた制度のことです。これだけなら，ただ，位を一目見ただけで見分けのつく便利な色分けにしか思えませんよね。この冠位十二階という制度で忘れてはならない仕組みがもう一つあります。それを説明する前に，

Q4. みんなは，例えば，一生懸命働いても出世できず，裕福な家の子が金に物を言わしコネを利用して何の努力もせずにどんどん出世していく世の中だったら，働く気がしますか？

A．働くわけないやん。／あほらしいわ。
　（意図）寝だす生徒もいるだろうから，簡単な発問にする。また，身近な問題のように考えやすい例を出す。

　そうですね。わたしもバカらしくて働く気が失せるでしょう。太子の生きた時代は，冠位十二階が制度化されるまでまさにそのような世の中だったのです。蘇我氏などの有力な豪族の一族なら誰でも出世でき，逆に身分の低い人はどんなに才能があっても出世できないひどい社会だった…しかし，そこに登場したのが，太子がつくった冠位十二階。位を色分けするだけじゃなくて，もう一つの重要な仕組みがあって，それは個人の才能に応じて位が与えられるというもの。つまり，身分の低い人々も才能とそれを生かす努力次第で出世のチャンスがあるという画期的な制度でした。この制度のねらいは，身分が低くても出世できるという希望を皆に与え，仕事にやる気を出させ，同時に，無能な高級官僚の身分を下げさせ豪族の力を弱めるといったことにあった。豪族の力が弱まるということは，豪族たちを支配しやすく，天皇中心の中央集権国家にしやすいということにもつながるわけです。

　〜中略〜

　トリビア　難しい話が続いて退屈した人もいるでしょう。ほな，ここで，全然授業と関係ない発問をします。「聖徳太子」の絵を見て一つ疑問に思ったことはないですか？この絵をよく見てください。太子は手に何か持ってますよね。これ「しゃく」っていう棒ですよね。でも，いったいこれ何に使うんですか？　常に持っていたらかなり邪魔ですよね？　こんな棒いつも持っているとしたら，みんなは何に使います？　←退屈そうな子に当てる。
　A．背中をかく／人を叩く／武器／当時のファッション
　（意図）聖徳太子の政治を，くだらないトリビアとセットにして少しでも記憶に残るようにさせる。

　違うんだな〜これが。確かに当時のファッションではあるけれど。この木製の平たい棒，実は，カンニングペーパーだったんです。太子の絵をよく見てください。太子は胸の前で持っていますよね。実は自分に見える側に，今日のスケジュールや，行事で話さなければならないことが書かれていたんです。手帳兼，カンペだったわけです。太子ほどの人でも，さすがに覚え切れないこともあったんでしょうね。毎日毎日，日本の国のことばかり考えて政治を行なってきたわけですから，少しぐらいは大目に見てあげましょう。だからと言って，君たちもカンニングしてよいとは言ってないで，実力でがんばってください。

　生徒の知識を推測する場合，前提としてほしいのは，生徒は教科書に載っていることはわかっている（わかっているつもりになっている）ということです。「あの先生は教科書を教えるだけだ。こんな授業だったら，聞かずに後で教科書を勉強すればいいや」と思われたらダメなのです。教師は，教科書の内容を表面的ではなく深く理解し，また教科書に載っていない生徒が知らないような深い知識

を知り，生徒の好奇心を喚起するためにそのような深い知識を授業で適時提示する必要があるのです。そしてそのためには，**教科書には載っていない，深い知識を得るための十分な予習が必要である**ということです。必要栄養素以外の「＋αの素材」がおいしい授業を作るためには必要なのです。

ちなみにこの内容はそんなに多くなくてもいいと言えます。スパイスは少量だからピリリと効いていいのです。あまりに入れすぎると情報過剰になりますし，肝心な必要栄養素が消化不良，教えきれなくなるからです。

なお，教科書を面白くする方法としてもっと簡単な方法もあります。私たちの好奇心は最適なズレから引き起こされるわけですから，教科書の内容について少しズレを大きくして提示したらいいのです。例えば「教科書の図を見てください」と言うのではなく，「教科書の図を拡大して印刷してみました。黒板に貼るのでこちらを見てください」と言うことで少しズレができます。教科書に載っている国会議事堂の写真を見てもらうのではなく，実際に教師が訪ねて自分が写っている写真を見てもらうことで，ズレができます。理科では，教科書の花の断面図だけでなく実物の花を見せる，教科書の分子図ではなく実物の分子模型を持ってきて触らせるなど，教科書に載っている内容の実物を持ってくることでズレを作り出し，興味を引くこともできます。ほんのちょっとのサービス精神と手間が授業を興味を引くものにするのです。

へぇ，この素材がこんなふうに料理できるんだ

さて，教科書に載っていない，生徒の知らない知識であるからといって，その知識は必ずしも好奇心を喚起するとは限りません。生徒が知らないことでも，生徒自身に全く関係がなければ好奇心は引き起こされません。これは既存の知識と新しい知識にズレが大きすぎる場合です。例えばニュートリノに質量があることが発見された，とか，グリチルリチン酸ジカリウムの化学式はどうだとか言われても，たしかにそれらは知らない知識ですが，その知識も**自分に全く関係がない**と思ってしまえば，**好奇心は湧きません**し，そんなことを勉強しても「意味がない」と生徒は思うことでしょう。「へぇ！」と対極的に，「あっそ，それがどうしたの？」と思われたらだめなのです。

このように既存の知識と新しい知識とのズレが大きい場合には，そのズレを埋めるために，新しい知識をより生徒に関係し，身近に感じられるようにかみ砕いて説明する必要があります。授業において新しい知識を初めて教える際に，**身近な例を使って説明する**のは，ズレをより小さくして，好奇心を引き起こすためなのです。ちなみにグリチルリチン酸ジカリウムは漢方薬のカンゾウに入っている成分で，抗炎作用があり，ニキビ治療薬や化粧水に配合されることがあるもので，けっこう身近な物質だったりします。また，**たとえ話を使ってわかりやすくする**のも，この好奇心を喚起するためのテク

ニックです。いくつか指導案例を以下にまとめています。
　ちなみに，ずいぶん前になりますが，この「好奇心の素」を大学の講義で教え始めてからしばらくして，テレビで「トリビアの泉」が始まりました。たとえ無駄知識であったとしても，「へぇ」の感情は，やはり人間の基本的な喜びなのだろうと思います。

自分に関係あるものとして授業を組み立てている指導案例

　えー，いきなりですけど，みなさん昨日風呂入ってきましたか？　まあ，たいていの人は入ってるとは思いますけど，みなさん何で体洗ってます？？　（間）ボディソープの人とかいるとは思うんですけど，まぁたいていはセッケンで洗ってますね。みなさんが何の疑いもなく直接肌に使っているセッケン，これは一体何でできてるんでしょう。（間）　みなさんどうやってセッケンができるか知ってますか？

　これだけ身近なセッケンなのに，結構知らないことも多いと思います。今日はそこらへんを掘り下げてやっていきたいと思います。自分の肌に直接つけているものですからね…。セッケンて何でできてるんでしょうか？？　知っていることがあれば言ってください。では…今日は〇日なので〇〇さん。

　（4人程度指名）（実際に固形セッケンを手に持って見せる）

　反応予想：「わからない，油，脂肪…」

　いろいろ答えが返ってきましたね。実は，セッケン（見せる）は，脂肪からできているんです。だから，脂肪さえあれば，セッケンを作ることができます。例えば，美容整形で脂肪吸引とかハヤっていますねぇ。ああゆう，人間の脂肪からでもセッケンは作れます。[大好きなあのコの脂肪で作ったセッケン] なんてのも，作ろうと思えば作れるわけです。

　第二次大戦中は捕虜の死体から取ったセッケンが心無い軍人の間で作られたりもしたんですよ。
　牛乳せっけんという商品は，その名前の通り牛乳の脂肪から作られたセッケンですね。

　ここでいう脂肪，とは化学で言うと油脂（板書）となります。じゃあ，今度はもっと化学的に見ていきましょう。セッケンとはもっと詳しく言えば，油脂をケン化したものなのです。油脂には2種類あります。みなさんの体の中にある脂肪のように常温でも固体のものを　脂肪　（板書），紅花油のような常温では液体のものを　脂肪油　（板書）と言います。例えば，みなさんが普段食べているマーガリンは，植物油などのこの脂肪油に水素を付加して　硬化油　（板書）にしたものです。ちなみにこれは，バターは高価なので安く似たようなものを手に入れようと作られた，世界で初めてのコピー食品です。そういえば，回転寿司のイクラなんかもゼラチンのカプセルに魚油を入れて作ったコピー食品ですね。次に，先ほど配ったプリントに使われているインキ，これなんかも実は油脂の一種で　乾性油　（板書）と呼ばれます。

では，油脂の具体的構造と，ケン化とは何かをちょっとややこしいけれど，かんばってやっていきましょう。まず，油脂とはグリセリンに高級脂肪酸がエステル結合したものなんです。
（この２行から必要栄養素の説明に入っていく）

たとえ話でズレを小さくしている指導案例

メンデルは二つの性質のうち優性なものをRR，劣性のものをrr，どちらも混ざっているものをRrという記号で表現することを思いつきました。
これが遺伝子型と呼ばれるものです。Rrはどちらの形質も持っていますが，優性であるRが表に現れていることを示しています。そして，親RRはそのうち片方のRをrrはそのうち片方のrだけを伝えて，そのRとrが融合してできたのが，Rrだと考えたのです。

体育会系の先輩・後輩の関係でたとえるなら，先輩が黒，後輩が白と物を考えているとき，先輩同士，後輩同士なら，黒なり白なりに統一されますが，先輩と後輩で物を考えていた場合，先輩が黒と一喝すれば，意見は黒に統一され，白というものが出てこなくなります。

例えばですね。このクラスの中で体育系のクラブに入っている人？ ちょっと手を挙げてみて。
（先輩後輩の上下関係が厳しいクラブの生徒をあてる）

○○くんのクラブで，もし先輩が「今日は焼肉が食べにいくよ」と言ったとしましょう。そしてきみら後輩は，「ラーメンが食べたい」と思っていたとしましょう。で，先輩とごはんを食べにいくということになったら，○○くん，「ぼくはラーメン食べたいからいやです」って主張します？

（生徒の反応を楽しんだ後）
しませんよね。厳しい先輩の場合，いつでも先輩の意見が通り，後輩が考えていた意見は表に出てこなくなります。

このたとえのように，アクの強い方の形質が表現型として現れます。これが優勢の法則です。専門的な言い方をすれば，Rrのようなヘテロの遺伝子型の場合，劣勢rの形質が現れず，優勢Rの形質のみが現れます。これが優勢の法則です。

うちの店にしか出せない味

生徒にとって学びがいのある内容という観点から，授業が生徒の好奇心を引くものであるかを問題にしてきましたが，例えば英語コミュニケーションの授業や美術・技術などの実習系の授業は，内容や発問を使って好奇心を喚起するという授業を計画するのは難しい

と思います。そのような授業の場合には，生徒の興味を引き起こすために，**授業自体にオリジナリティが必要**になってきます。

生徒はあなたの行なう授業の他にたくさんの似たような授業を受けているわけで，その中であなたの行なう授業が好奇心や興味を喚起するものになるためには，他の授業との差別化，**あの先生の授業は他の先生の授業とはどこかちょっと違うと思わせる**ことが必要になってくるのです。あなたの授業を生徒の興味を引くものにするためには，他の授業，これまで受けてきた授業との間に最適なズレがあることが必要なのです。

美術の授業などは学年が上がるにつれて内容が系統的に高度になっていくというわけではないので，それまでの美術の授業とは異なる何かが必要になってくるのであり，そこにそれぞれの教師のオリジナリティが求められるのです。例えば，これまでの指導案例では，自画像を書くのに，「一筆描き」で書くように求めたり，時間を限って10分ずつ3枚の自画像を描いたりといった工夫をしたものがありました。一工夫することで，自分を描く視点を変えさせたのです。

このテキストでは授業作りのハウツーを中心に進めていますが，これはハウツーに基づいて同じような授業をしてほしいからではありません。私が望んでいるのは，**ハウツーを基本にしてそれぞれのオリジナリティの表れた多様な授業が作られる**ことなのです。ただしここでオリジナリティのある授業というのは，必ずしも突拍子もない，今まで誰もしたことがないような授業ではありません。そんな授業をするためには，非常にすぐれた力量が必要でしょう。ここでのオリジナリティとは，もっとささやかな，他の授業とは少し違う（ちょうどいいズレのある），あなたという教師の好みが入った授業くらいに考えてほしいと思います。

たとえ好きでも毎日カレーではあきちゃうよ

この本は，まだ授業の作り方が十分にわかっていない人向けなので，次に言うことは基本的な作り方がわかってきてからの話になるのですが，たとえどんなに面白い授業でも，いつも同じパターンだと飽きられて，だんだん退屈に感じられてしまう可能性があります。

ある程度，自分の授業パターンを身に付けたなら，今度はそのパターンを少し変えてみることも必要でしょう。**いつもの自分の授業とは少し違う授業をすることがまた好奇心の素になる**のです。たとえどんなにおいしくても毎日カレーでは誰でもあきてしまうのです。

食わず嫌いにも食べさせなきゃ ──ほんとはおいしいんだよ──

ところで，授業の味付けが明確で，好奇心の素もしっかり入ったおいしい授業を作ったとしても，実際に授業をしようとすると，授業が成立しないこともありえます。『楽しい授業作り入門』（高文研）で家本芳郎氏は，「よくわかる，よくできるようになる，楽し

業」をしようとしてきたのだが，それまでに授業から疎外され，落ちこぼされてきた子どもたちが「授業はつまらない，楽しくないもの」と思っているために，授業が「門前払い」されてしまった．そこで「よくわかる，よくできるから，楽しい授業」から「楽しいから，わかる・できる授業」に発想を転換したと言います．

　このことは十分に起こりうることで，そのときには，必要栄養素を食べさせなくてはならないということにこだわりすぎることなく，とりあえずはじめは駄菓子でもいいから食べさせて，授業に参加させ，必要栄養素を徐々に食べさせるといった発想の転換も必要です．時には駄菓子だけ食べて，必要栄養素は食べないという子もいると思いますが…．授業のレシピが「誰に食べさせるのかを考える」ということから始まっていることからもわかるとおり，まずは生徒に食べてもらうのが最優先ですから，実際の授業の際には，**生徒の現実から出発して味付けを考えることが大切だと思います．**

第2節　生徒を授業に参加させるコツ

生徒を授業に参加させることの重要性

　授業を生徒にとって有意義なものにするためには，生徒を授業に参加させる働きかけが非常に重要です．生徒の立場になって考えてみると，学校では1日50分程度の授業を5時間，6時間と受けるわけですから，教師の話をただ聞くだけではいやになってしまうでしょう．たとえどんなに授業で伝えたいことがあっても，授業に生徒たちが参加していなければ，生徒には届きません．机に座っていたとしても，気持ちが参加していなければいっしょです．授業の目的を果たすためには，何らかの形で生徒を授業に参加させることが必要不可欠なのです．たとえるなら，テーブルに座ってナイフとフォークを持ってもらわなければ，たとえどんなにおいしい料理も食べてもらえないのです．

生徒を授業に参加させるためには

　生徒を授業に参加させるためには，二つのテクニックが必要です．一つは**計画段階（指導案作成の段階）**でのテクニックであり，もう一つは**授業実施段階**でのテクニックです．計画段階でのテクニックは，発問や指示，働きかけの方法を適切に計画することであり，授業実施段階でのテクニックは，生徒とのコミュニケーションを適切に取ることです．生徒を授業に参加させるためにはこの二つのテクニックが必要なのですが，計画段階において生徒を参加させるための計画がうまくできていないと，授業実施段階のコミュニケーション技術も適切に働きません．例えば，「豊臣秀吉はなぜ検地を行なったのでしょう？　誰か答えてください」こんな発問を生徒にすると計画したとします．それに対して誰も手を挙げなかった，仕方がないので，誰かに当てる，「わかりません」の答えが返ってくる．し

かたなくクラスで一番優秀な生徒に当てる。その生徒が何とか答えてくれる。「そうですね。秀吉が検地をしたのは，○○君が言ったとおり，…」と授業が進んでいく…。

　もしこんな授業を計画していたら，どんなに授業を実施するときに生徒とコミュニケーションを取りながら授業をしようとしたとしても，すべての生徒を授業に参加させることは困難です。こんな授業をされたら，出来の悪い生徒は，出来の良い生徒ばかりいい思いをして，と感じてしまい，自分は授業とは関係ないとばかりそっぽを向いてしまうでしょう。そんな生徒が増えていけば，授業は次第に成立しなくなっていくでしょう。

すべての生徒を授業に参加させよ
　「授業のレシピ0：誰に食べさせるのかを考える」でも述べましたが，授業を計画する際には，すべての生徒が授業に参加できるような計画を立てるべきです。生徒全員が参加できない授業は，生徒を疎外し学ぶ意志を失わせていくという意味で，生徒にとって有害な授業です。同時に生徒が参加できない授業は，参加できない生徒を次第に増やしていき，いつか成立しなくなっていくものであり，それは授業をしようとする教師にとってもストレスを強く感じさせる授業です。全員を参加させようとすることで，授業は生徒にとっても教師にとっても良いものになっていくのです。
　もちろんいろいろな理由で授業に参加したくない者もいるかもしれません。例えば親が離婚騒ぎで勉強どころではない生徒，授業は面白くないとはなから思い込んでいて，門前払いをしている生徒，生活が乱れていて夜更かしをしてまともに起きていられない生徒などです。正直言って，私は授業に参加しない生徒が残っても，ある程度はしかたないと思っています。お腹が痛い時にはどんなにおいしい料理でも食べられません。そこで必要なのは適切な治療です。生徒によっては授業どころではなく，まず心のサポートや家庭のサポートが必要な者もいるのではないかと思います（これは本書のテーマ外ですが，スクールカウンセラーやスクールソーシャルワーカーの役割は今後大きくなってくるのではないかと考えています）。
　ですが，教師の働きかけ技術の下手さによって，生徒が授業に参加したくてもできなくなってしまうことは無くさなくてはと思っています。生徒が**参加しようと思ったら，参加できる授業**を作らないといけないのです。また参加したくないと思っている生徒も完全に無視することなく，そういう生徒も考慮に入れて，参加したくないと思って突っ伏して寝ようとしている生徒が，興味を引かれ，顔を上げるような授業を作ってほしいと思います。そのためには，すべての生徒が授業に参加できるような技術を知り，身に付けることが必要になります。

生徒を授業に参加させるための発問・働きかけ
　生徒を授業に参加させるためには，発問を使うことが効果的です。

発問には目的によっていろいろな種類のものがありますが，それらを目的に応じてうまく使うことで，生徒を授業にひきつけたり，生徒の理解を助けたりすることができます。ところが，使う目的や方法を間違えたり，コツどころをはずしたりすると，生徒を授業に参加させるための働きかけにもかかわらず，先ほどの秀吉の例のように，逆に生徒を授業から疎外してしまったり，時間がかかるのみで，全く理解の助けにならず，授業がスムーズに進まない要因になってしまいます。

良い発問は良い授業を作るために重要な手助けになります。以下では，生徒を授業に参加させるために，授業中どのように生徒に働きかけたらいいのかを，発問の技術を中心に実例を示しながら明らかにしていきたいと思います。ここでは発問の方法が中心ですが，美術や技術などの実習系の科目における生徒への働きかけのコツについても発問と同じようなコツどころがあり，それについても明らかにしていきたいと思います。

発問の目的

まず発問の目的を整理しておきましょう。発問の目的として，とりあえず以下の四つをあげましょう。

1. 生徒を授業に参加させて飽きさせない
2. 発問することで考えさせ，印象づける
3. 生徒の良さを出す
4. 「へぇ」「わかった」を感じさせる

1は，教師が一方的に話すだけの授業では退屈してしまい，集中力も落ちて，伝えたいことも伝わらなくなってしまうので（寝ている生徒にはメッセージは伝わらないでしょう），それを避けるためです。これは必ずしも発問だけではなく，板書を取らせる，プリントに書き込みをさせる，地理で地図帳を使った作業をする，英語でペアになって会話するなど，生徒が行動するすべての働きかけが含まれます。手や頭だけでなく，身体を動かしたりすることも効果的です。

一つ身体を使った効果的な例をあげておきます。教科書の例題を実演しただけなのですが，印象度は格段にアップするでしょう。

シナリオ型指導案例：高校数学・三角比（前半部）

本時の目的
　実験を行ない，楽しく数学を学んでもらうのと，実験をして印象に残る授業をする。

本時の指導課程
・教室に入ってから，起立・礼・着席をし，出席を取る。
・それではみなさん，今日は三角比2回目の授業ですね。でははじめましょうか。と，いきなり授業に入ってもかなりわかりにくいと思うので，身近な例を使った実験を始めにしましょう。
　（前回の授業で，$\sin\theta$，$\cos\theta$，$\tan\theta$ の説明を終わらせたとする。）

> ・では，代表して実験に協力してくれる人はいませんか？（4人くらい選ぶ）
> それでは実験を始めます。
>
> 1. 学校の3階ベランダから糸を垂らします。
> 2. 斜めにピンと張ります。
> 3. 地面に伸ばしたたこ糸の長さを14mに合わせます。
> 4. 地面でしっかり押さえます。
> 5. 糸と地面との角度を測ります。地面との角度は48度でした。
>
> はい，これで実験終わり。
>
> さあここで実験したときの地面から3階までの高さを三角比で求められるんですよ。それでは教科書を開いてください。いきなり公式が書いてあるけど，この公式は本当に大事やからまとめるで。
>
> …三角比の公式の説明，実際の高さの説明などに続く…

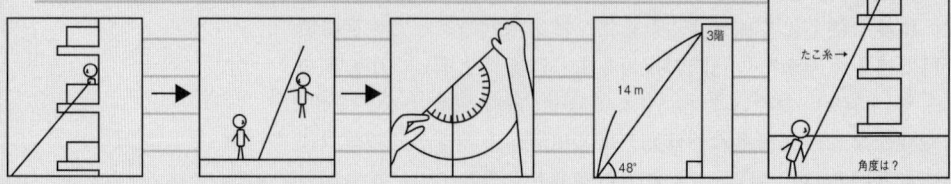

2はただ授業で大事なことを聞くだけよりも，自分で考えて答えを出す方が印象に残るだろうということを根拠に行なう働きかけです。そのためこの発問や働きかけは**印象に残ってほしい大事な内容について行なう**ことになります。言い換えるなら，印象に残って欲しい大事な内容は重要な発問作りの「ネタ」なのです。

3の目的の発問は，発問や働きかけを積極的に生徒の良さを出すものとして使うものです。発問に答えることで「わかった」と感じさせることもそうですし，後に出てくる「生徒のオリジナリティが出る発問」で生徒の自分らしさを発揮させることも可能です。美術や技術などで生徒に作品を作らせるのは，この目的がすべてと言ってもいいでしょう。

4の目的では，「好奇心の素」でやったように，「へぇ」や「新しいことを知った」「わかった」を感じさせることで，授業を「おいしい」ものにしようとするためです。おいしい授業は，それだけで生徒の心を豊かにするものなのです。

もちろん発問の目的をこれらどれか一つに限定する必要はなく，1〜4の目的には重なり合うところがあり，それらをすべて果たす発問というのも可能です。それぞれの目的の発問をうまく使い分けて，面白く，退屈しない授業を作るのです。

発問の作り方のコツ ──「まず答えありき」──

　それでは授業での働きかけをどうやって計画していったらいいかを明らかにしていきましょう。ここでは特に授業の中心となる発問の作り方についてやっていきましょう。発問作りのコツを一言で表すなら「まず答えありき」ということです。授業をするときは，発問をして，それに対して生徒が答え，それに応じて教師が答えの解説をするというプロセスを経ます。そのため正直に発問を作ろうとすると，「そろそろ，生徒も退屈になってくるだろうから，この時間あたりで発問をしないといけないだろうな。どんな発問をしようか？」と考えがちなのですが，そのような「まず発問ありき」では良い発問は作れません。良い発問は，まず良い発問ができるような「答え」があるのです。まずいくつか良い発問の例をあげましょう。

指導案例1
　「そして，この戦いに勝利した家康は1603年征夷大将軍となって江戸に幕府をひらきました。これが，江戸時代の幕開けです。」

　「さて，ここでクイズです。家康はどのくらい将軍職に就いていたでしょうか？」（しばらく生徒の答えを聞く）（同じく2通りのルートを考える）

　生徒：「10年」，「20年」，「50年」，etc.
　「実は，たったの2年なんです。驚きですよね。そして，将軍の地位は自分の息子に託されました。ここで，秀忠の登場です。」

　〜展開2　家康が将軍を辞めた理由と秀忠について〜
　「秀忠が将軍になったのですが，実は，家康が将軍を辞めたのには理由があるのです。それは，将軍職が徳川氏のものであることを既成事実として諸大名に示すためであり，また家康自身も後ろ盾となって独自で活動するためだったのです。」

指導案例2
　南北朝統一を行なった理由を考える。

　さて，このころの朝廷は，南北朝の時代でした。南北朝の時代とは天皇家が北朝の京都と南朝の吉野に分かれた時代です。

　Q5. 朝廷対策を最重要課題とする義満にとって天皇家が二つに分裂したことは有利だと思いますか，不利だと思いますか？
　（意図）南北朝の時代は天皇家が分裂し，天皇の権威が弱まった時代であることを強調する。また，有利と大半の生徒が思うだろうが実はそうではないことをわからせる。

　A. 有利／不利（どちらかに手を挙げさせても良いかも）

　有利かと思いましたか？
　確かに南北に朝廷が分かれて天皇の権威が弱まっているすきに幕府の力をどんどん進

> めていくこともできたのですが，義満は1392年に南北朝合一をします。これは一体なぜでしょう？　このことは日明貿易と深く関わっています。（指導案では，この後にその理由を述べる内容が続く）

　これらの例を見ると，生徒を発問によって授業に参加させ，またそれによって内容の理解を進めています。これらが良い例としてあげられるのは，発問の仕方も後述するコツに基づいており，上手だからということもあるのですが，もっと大事なのは発問のネタになる事柄，つまり発問に対する「答え」を適切に選べているからなのです。これらの内容は，発問を行なわなくてもそれなりに興味深く面白い内容です。長い間権力を振るった家康が実はたった2年で将軍を退いていた，ということだったり，朝廷が分かれて天皇の権威が弱まっているのに，義満はなぜわざわざ権力が強まるような南北朝合一をしたのかということだったりと，ちょうど好奇心の素のところで示したような「あれっ？」と思わせる内容になっているのです。そして，それを説明することによって，「へぇ，そうだったのか！」を感じさせることができているのです。

　このような発問作りのネタを仕入れるためには，教材研究をしながら教師自身が「これは面白い」「これは大事」「へぇ，そうだったのか！」「これは知らなかったな〜」と感じることが大事です。**教師がしっかり「学ぶ」ことで，発問作りの第一歩が始まる**のです。

発問の転換

　ネタとなる内容が見つかったら，その内容が答えとなる，そしてその内容を生徒が深く考えられるような発問を考えます。例えば，「なぜ？」と問いかける発問は，生徒にぜひ考えさせたい発問なのですが，正直に「なぜですか？」と問いかけるだけでは，限られた生徒しか答えられず**生徒を授業に全員参加**させることができません。例えば，「なぜナチスはユダヤ人を虐殺したのか？」という問いは，考えるべき問いであるとはいえ，ほとんどの生徒は答えられません。答えられたとしても非常に優秀な生徒だけであり，その問いをしても，生徒全員が授業に参加することはできないでしょう。

　また国語の授業などで，「このとき主人公はどんなことを考えたでしょう？」とストレートに聞くだけでは，生徒たちは求められている正解を答えなければいけないと考えてしまい，間違いを恐れて「わかりません」と答えることになってしまうでしょう。それらのストレートな問いは，生徒が答えるべき問いというよりは，教師がわからせるべき学習目標と言っても良いでしょう。例えば，授業のはじめの問題意識を持たせるために使ったり，最終的に理解してほしいことを提示するときに使ったりします。実は私自身はこの問いを多用していますが，この問いを生徒を参加させるためには使っていません。この問いは授業の目的やわかってほしいことを強く意識させるために使うと効果的なのです。

このような問いを授業に参加させるために使いたいと思ったら，そのままの形で発問するのではなく，**生徒が参加しやすい形への「発問の転換」**が必要です。

発問に対する生徒の反応を予想せよ

発問の転換にあたっては，発問に対する生徒の反応を正しく予想することが重要です。授業をスムーズに進めるにあたって，また授業を意味あるものにするにあたって，**この生徒の反応予想は非常に重要な役割を果たします。**

なぜなら生徒の反応予想を考えることによって，発問がすべての生徒を授業に参加させられる有効なものであるのかを計画段階である程度判断できるためです。もちろん生徒の反応や発言は，実際の生徒の状況を想像して，現実的なものである必要があります。例えば「地球環境を守るにはどうしたらいいだろう？ ディスカッションにしてみましょう」と教師が言っただけで，生徒が全員活発に議論し合うなど，非現実的な反応予想はしないようにしてください。それでは発問が適切なものであるかが計画段階で判断できません。**生徒の反応は，悲観的な予想をした方が実際の授業のときうまくいきます。**

中高生は小学生の低学年のように積極的に手を挙げて発表するということはほとんどないでしょうから，特に悲観的に予想することが必要でしょう。これは発問に限らず，さまざまな働きかけをするときにもいっしょです。「さあ，自由に絵を描きましょう」と教師が言ったら，はーい，と生徒が答えてみんなが一生懸命絵を描き始めるなどといった予想をしたときには，実際の授業はほとんどなりたたないでしょう。むしろ，誰も描かない，どうしよう，というくらい悲観的な予想をして，それに対して何とか生徒が描いてくれるように働きかけるといった計画を立てるのです。

許容範囲の広い発問を

生徒の反応予想をするように，と言いますが，実際のところ，どんなに経験を積んだとしても生徒の反応を100％予想することなど不可能です。そうであるなら，むしろ生徒からどんな反応が返ってきたとしても，それが内容理解の助けとなり，授業を滞らずに進めることのできるような発問を考えたほうが生産的でしょう。つまり，**生徒の反応の許容範囲が広い問いを考えるのです。**

例えば，先に述べた生徒を参加させにくい発問である「知っていますか発問」は，答えが一つであるために，反応の許容範囲が非常に狭いことになります。生徒は，正解を答えるか，「わかりません」しか許容される反応がないのです。

また，よく学生に指導案を書かせると，生徒の反応の予想が難しい，もしくはできませんと言う人がいます。しかしながら，これは反応を予測できないのではなく，実は，求めている正解を答えてくれなかったら先に進めないということを言っているのです。例えば，

「なぜですか？」と直接的に聞いた場合に，どんな答えが返ってくるのかわからないと言うのですが，そんなことは私でもわかりません。首尾よく正解が出てくればいいですが，「わかりません」が続いたり，ぜんぜん本題とは関係のない答えが出てきたりしたら，それをやり過ごすのは非常に難しいことでしょう。たとえ「なぜですか？」と聞いたとしても，一つの正解を求めるような生徒の反応の許容範囲が狭い発問であった場合には，よほどの幸運（求めている正解を生徒が見事答えてくれる幸運）がない限り，授業はスムーズに進まないのです。またたとえスムーズに進んだとしてもそれは予定調和的な出来の良い生徒だけがいい思いをする面白くない授業になってしまうのです。

　生徒を授業に参加させるためには，もっと生徒がどんな答えを言ってきてもいい，どんな生徒の反応も余裕を持って楽しめるそんな許容範囲の広い発問が必要になるのです。

ゆれのないものを答えに

　このような許容範囲の広い発問を作るために非常に有効なのが，**ゆれのないものを答えにする**という方法です。これは岩下修氏の考えた方法です（『AさせたいならBと言え』岩下修著　明治図書必読書です）。ここではゆれのないものを答えにする発問を「**ゆれのないもの発問**」と名付けましょう。

　ゆれのないもの発問は，答えを明確な事物にする方法です。まず生徒に明確な判断をさせて，その理由を問いかける方法と言ってもいいです。答えになるのは，人や物，数字，色，もしくはYES NO，AかBか，などです。例えば，「なぜナチスはユダヤ人を虐殺したのか？」ということをわからせたいとしましょう。もちろん直接発問しても，答えてくれる生徒は皆無でしょう。このことをわからせるためには，まず当時の社会的背景をしっかり理解させることが必要なのです。例えば，ナチスがユダヤ人を迫害するまでの社会的背景には，当時のドイツが第一次世界大戦敗戦による多額の賠償金に苦しんでいたこと，ユダヤ人がドイツで比較的裕福な暮らしをしていたこと，ナチスを支持した若者たちが失業で苦しんでいたことなどがあり，それらをまずわからせる必要があるのです。

　ですが，だからといって当時の社会的背景をわかってもらうために，「当時の社会的背景はどうだったのだろう？」「当時のユダヤ人はドイツでどのような立場にあったのだろう？」と正直に聞いたとしても，やはり生徒は答えられないでしょう。そんなとき，当時の社会背景を想像してもらうために，「ナチスを支持したのはどんな年齢層か？」や「当時ユダヤは貧乏だったか，裕福だったか？」など，年齢層やYES NOを選択肢にした「**ゆれのないもの発問**」をするのです。これなら**すべての生徒がとりあえず判断することが可能**になります。そして，判断したということは本人の中にはそれなりの理由があるのですから，考えることが容易になるのです。なぜなら，とりあえず判断させることで，正しい**答えを外側に探すので**

はなく，自分の内から探すことになるからです。

「なぜ若者がナチスを支持したのか？」は正解のある問いであり，答えるのが難しいのに対して，「あなたはなぜ若者がナチスを支持したと判断したのか？」は正解のない問いであり，答えるのが相対的に容易なのです。そして後者の場合は，その判断が合っているか間違っているかは問題ではなく，どう答えたとしても理解を進めることができるのです。

なお，YES NO の問いや，A か B かの問いは，全員に考えさせ手を挙げてもらうことで，授業に生徒を全員参加させられる問いでもあります。適切に使うと授業を盛り上げることができます（多用すると，授業がクイズのような深みのないものになってしまう危険性もあります）。例えば「へぇ」を感じさせる次の指導案も，このゆれのないもの発問を使っています。

指導案例：足利義満（途中より）

南北朝統一を行なった理由を考える。

さて，このころの朝廷は，南北朝の時代でした。南北朝の時代とは天皇家が北朝の京都と南朝の吉野に分かれた時代です。

Q5. 朝廷対策を最重要課題とする義満にとって天皇家が二つに分裂したことは有利だと思いますか，不利だと思いますか？
（意図）南北朝の時代は天皇家が分裂し，天皇の権威が弱まった時代であることを強調する。また，有利と大半の生徒が思うだろうが実はそうではないことをわからせる。

A. 有利／不利（どちらかに手を挙げさせる）有利と考える人が多いと思われる

有利かと思いましたか？
確かに南北に朝廷が分かれて天皇の権威が弱まっているすきに幕府の力をどんどん進めていくこともできたのですが，義満は1392年に南北朝合一をします。これは一体なぜでしょう？　このことは日明貿易と深く関わっています。

──────────────────────────── 展開3

日明貿易が南北朝合一に深く関わっている理由について考えさせる。

では，日明貿易について考えましょう。

Q6. いきなりですが，日明貿易で1艘の船から上がる利益は今のお金に換算するといくらぐらいだと思いますか？
（意図）生徒が退屈してはいけないのでびっくりするような質問をする

A. 百万円／1千万円／1億円／ etc.

答えはなんと10億円にものぼったと言われています。義満はこの巨額の富をもたらす明との貿易を熱望していました。しかしこの日明貿易は明がその国の「王」として認めたものだけに交易を許す朝貢貿易という形をとっていました。そのために義満は朝廷の争いから起こった南北朝を合一し、最高実力者として地位を確立していくことが必要でした。義満にとって天皇家の分裂は有利とは言えないのです。

　Q5は，YES NOが選択肢のゆれのないもの発問なのですが，普通に考えたら有利に思えるが，実はその予想とは違うという内容を発問することで，「なぜだろう？」を感じさせることができています。
　これが同じYES NOの選択肢でも，答えが予想通りだとこのような「なぜだろう」や「へぇ」を感じさせられないのです。例えば，「アメリカと日本の平均年齢はどちらが高いでしょう？」という発問は，よく知られているように日本の平均年齢は世界一なので，あまり興味を引かないのです。ちなみに，人口当たりの100歳以上の人の割合は，実はアメリカの方が日本よりもずっと高いので，それを発問にすると予想と異なる答えになるので，相対的により興味を喚起する発問になります。ちなみに，なぜアメリカでは人口当たり100歳以上の人数が多いのに，平均年齢は低いのかというと，アメリカでは，犯罪などで若くして死亡する率が日本よりずっと高いからです。
　Q6は，ゆれのないものとして数字を使っています。前述の『Aさせたいなら，Bと言え』でも，数字を選択肢にするのは効果的だと述べていますが，足利義満の指導案も数字の選択肢を効果的に使っています。ここでは日明貿易のもうけの話ですが，予想外に大きな金額であることが「へぇ」を喚起するものになっています。それと同時に，この発問はどんな数字が出てきてもいいことに重要な意味があります。予想と外れていれば，それは「へぇ」をもたらすものになりますし，ぴったりなら「すごい，大正解」と生徒を持ち上げてあげることができるからです。つまり，**生徒からどんな反応が返ってきても，その答えを生かして授業を進めることができる，許容範囲の広い問い**になっているのです。

生徒の答えのオリジナリティを生かす問い
　このゆれのないもの発問は，どうしてもテストの選択肢のようになってしまいがちですが，工夫次第で「生徒のオリジナリティ（後述）」を発揮させることもできます。例えば，次のページの「ごんぎつね」の指導案（『上達論のある指導案の書き方　授業への挑戦(78)』（岩下修・向山洋一著　明治図書出版より転載）を見てください。この指導案（シナリオ型指導案ではありませんが…）では，ゆれのないものとして「印象に残った色」を答えさせることで，すべての生徒が授業に参加して考えられる問いになっています。
　この「ごんぎつね」の指導案は，少し解説をしましょう。ごんは，兵十が病気のおっかさんに食べさせようとしたうなぎをいたずらで逃がしてしまいます。その後，おっかさんは死んでしまい，ごんは

（　\　）　○時間目　　「ごんぎつね」第2場面の授業の指導案　　授業者〔　　　　　〕

1　本時のねらい　「色」と「事物」の対応作業をさせることにより、第2場面の情景のイメージ化をはかる。
2　本時の指導過程

時間	学習活動	指導上の留意点	〔技術・原則〕
5分	1　第2場面を読む	(1) 次の指示で、第2場面を七人で読ませる。 　指示1　今から、第2場面を七人で読んでもらいます。あとで、本時間でもらう、先生が質問をします。どんなことを聞かれてもよいように、文章を見ていてください。①	① 次の行動まで示し、思考の構えを持たせる。 ② 知覚物をしぼり、イメージ喚起を促す。 ③ 全員参加を促す「色」（のゆれ）のないものを取り上げる。
2分	2　第2場面に出てきた色を考える	(2) 教科書を閉じさせ、次の発問・指示をする。 　発問1　第2場面の中には、どんな色が出てきましたか。本には「何々色」と書いてなくても、読みながら浮かんだ色でもらいます。③ 　指示2　できただけたくさん思い出して、④ノートすばらく「…色」と箇条書きで書いてください。⑤⑥　二分間です。⑦	④「全員発言禁止の原則」 ⑤ 単純に「色」だけを「点」として提出させる。 ⑥ 視覚的に見やすくまとめ、自分の考えたことを整理させる。 ⑦ 色のイメージ喚起に必要な時間
3分	3　考えた色を発表する	(3) 机間巡視で、次の二点にしぼって見ていく。⑧ 　ア　指示通りに記入しているか 　イ　一人いくつくらいの色を出しているか 　どこかの列に起立させ、発表させる。⑨ (4) その他の色を考えた子を起立させ発表させる。⑩ (5) 発表された順に番号をつけて、板書する。⑪ (6) 自分の考えていない色が出てきたら、ノートにつけ加えて書くよう指示する。⑫ (7) 次のような色が出されるだろう。 　赤・白・黒・灰（ねずみ）・茶・こげ茶・緑・青	⑧ 全員のノートを見て短時間で見ていく。 ⑨ 発表の構えを持たせる。 ⑩ ノートに書いたものをもらさず発表させる。 ⑪ あとの検討の際、利用しやすいようにする。 ⑫ 書くことで出た色を確認させる。
20分	4　色に関係する事物を検討する	(8) 次の発問・指示で考えさせる。 　発問2　ここに出された色が、第2場面では、何の色として出てきましたか。⑬ 　指示3　すぐに答えてもらいます。⑭　後で、どこかの列にあてます。 (9) どこかの列に発表（五人）させたあと、自由に発表させる。 (10) 自由発表の色は数語に指定していく。⑯ (11) 教師が子どもの発言を板書していく。 　　おはぐろ 　　黒 ← うなぎ 　　　　　もぐら (13) 自由発表の途中、何かの言葉をきっかけに教科書をひらくよう指示する。⑱ (14)「うなぎ」の黒が出たら、ごんから見たか問う。⑲ (15) 特異な色を提出した子に、色と事物との対応をしっかり語らせる。 (16) さらに、赤を検討させる。 (17) 次の発問・指示で、ごんの心に残った色を考えさせる。 　発問3　これらの色の中ではっきりとごんの心に一番残った色は何色でしょうか。⑳ 　指示4　ノートに書いてある色の上に○をつけてください。○をつけたら、その色を選んだ訳を考えておいてください。	⑬「色」と「物」との対応作業をすばやくイメージ化を促す。 ⑭「列指名から自由発表」をさせ、意欲を引き出し、授業に流れを作る（展開の原則1）。 ⑯ 周辺部から中心部へと展開（展開の原則2）。 ⑰ 類比的対比的展開をし、点を線にしていく（展開の原則3） ⑱ 意欲的な文や言葉を見る力を増す。 ⑲ ごんの頭の中のイメージを想像させる（回想場面の意識化）。 ⑳ ある一人の子の考え（点）をしだいに線化させていき、その子の思考過程（イメージ）を全員に追体験させる。 ㉑ ごんの視点に立つ情景をイメージ化させる（仮想自己を場面の中へ送りこませる）。
10分	5　ごんの心に残った色を考える	(18) 列を指名したまま、色だけ発表させていく。 (19) 選んだ理由は、発表したい子に発表させる。（ここでは「聞く」ことによってイメージ喚起と発見と認識を持たせる）㉒ (20) 少数派の考えを先に全部出させたあと、最後に赤を発表させる。 (21) 赤について次のような意見が出ると予想される。 　ア　赤いひがんが目の前であかあかと咲いていたから 　イ　いつもは赤い兵十の頭が、この日はしおれていたから (22) アイについては、教師が補足説明をする。 　ア　あかあかとしてしまう（赤の否定） 　イ　いつもの赤とちがう（赤の変化）	㉒ 他の子の考えに興味を持たせ、発表意欲を喚起させる。 ㉓「聞く」ことによってイメージを浮かばせる。 ㉔ ごんの位置を確認させる。
5分	6　音読を聞く	(23) 三人の児童に音読させる。㉕	㉕ 言葉によりごとも考えを話題とした色や物を再度イメージ喚起させる。

ごんぎつねの指導案（『上達論のある指導案の書き方　授業への挑戦（78）』岩下修・向山洋一著　明治図書出版　pp.79-81. より転載）

その葬式を見かけたあとでほらあなに帰ってきたところです。本文中のごんのせりふからは，彼が後悔をしていることがわかるのですが，それを正直に「ほらあなに戻ったごんはどんなふうに考えているでしょうか？」と問いかけたら，教師の期待する答えを単に求めているだけで，子どもの考えの自律性を奪った面白くない授業になります。そんな教師の求める「正解」を推測しなければならないような授業を受けて国語が嫌いになった人はきっとたくさんいるのではないでしょうか。

　それをここではあえてゆれのないもの発問を使って，「印象に残った色」を考えさせることで，子どもたちの読みの自由度を許し，その後の発言の多様性を生かそうとしているのです。この問いに対して子どもがどのような反応を返してくるかはある程度までしか予想できないでしょうが，たとえ予想外の答えだとしても，いかにも面白そうな答えが出てきそうで，それを楽しみに感じられる授業になっているのではないでしょうか。

発問に対しては危機管理を

　答えのある発問をする際には，ヒントを前もって考えておいたり，答えが出た場合と出なかった場合どちらでも，解説に進めるような生徒の反応予想をしておいたりするというのも一つの手です。

指導案例

　教師「そうやんな。…で，ダンディだけがグレープフルーツがどこにあるかを知ってんねんけど，他のチンパンジーから，そのことを気付かれないようにするためにどうしたかな？」

　生徒「何も知らないように振る舞った。」→ A／「…わかりません。」→ B

　A の場合の教師の対応

　「そうそう。知らん振りをして，みんなが寝静まったあとにグレープフルーツを食べてんな。なんとチンパンジーは，仲間をだます計画を立てられるのだ！　…っていうのが第一パラグラフの内容やったな。」

　B の場合の教師の対応

　「そうか，質問が少し難しかったかな？　じゃあ，第一パラグラフの 4 行目 area, の後の he から見てな。…He pretended that he did not know about the grapefruit. 　Pretend の意味は，『振る舞う』やから，『彼は振る舞った』になるな。…で，どう振る舞ったかが，that 以下に書かれてるねんな。…That 節の中は，『彼は，グレープフルーツについて知らなかった』ってなるから，この文章は続けて読むと『彼は，グレープフルーツについて知らないかのように振る舞った。』ってなるやんな，いいかな？　…で，なんとチンパンジーは，仲間をだます計画を立てられるのだ！　…っていうのが，このパラグラフの内容やったな。」

　教師「よし，じゃあ次は誰かに読んでもらおう。A 君読んでみて。」

　A 君の音読

> しっかりスラスラ読めている場合
> →「うん,しっかり読めてるよ。そのくらいのスピードで読みながら,意味を取れるようにしていこう。」
>
> 読むのは遅いけれど,発音はできている場合
> →「一つ一つの発音は,しっかりできてるわ。次は,文の中にある強弱…どこを強く読むのかに注意しよう。教科書の本文に点線でスラッシュが入ってるやろ。ここまでを一息で読むように心掛ければ,もっと良くなるよ。」

　この指導案のようにいくつか生徒の反応を場合わけにして予想をしておくことで,少しでもスムーズに授業を進められるのです。ただし「わかりません」と言わざるをえない生徒の気持ちを考えると,できるだけ「わかりません」という反応が少なくなるように発問を工夫することも忘れないでください。

ひとりボケつっこみ　──教え惜しみ──

　発問は生徒参加のためですが,必ず生徒に答えてもらわなければいけないわけではありません。ちょうどひとりでぼけて一人でつっこむような漫才のように,**教師が一人で発問して一人で答えてもいいでしょう**。これを私は「ひとりボケつっこみ」と呼んでいます。高校くらいになると生徒も積極的に発問に対して発言するわけではないのですが,そうかと言って発問を全くしないでいたら,メリハリのない平板な授業になってしまいます。そのためこのひとりボケつっこみが効果的なのです。次の指導案は,注意を引きつけるために発問をしていますが,実験中のため,発問に答えてもらう時間はないので,ひとりボケつっこみを行なっているのです。

> **指導案例**
> 　（実験中に注意事項を述べる状況で）
>
> 「はい,ここで丸底フラスコの口は下に向けておいてください。（発問）これはなんでだ？　わかるかぁ？」
>
> 「これはな,アンモニアは空気より軽いから,上に向けたら全部出て行ってまうからやねん。だからちゃんと下向けといてな。」
> 　（意図：実験中のため,この発問で挙手は避け,確認の意味でこちらから発問→答えを提供する。）

　次の指導案では,発問はしていますが,その答えは内緒,後で答えるという形で生徒の興味を引きつけ,授業に引き込もうとしています。

> 今日は今まで学んだ憲法で保障されている権利について復習からします。前の授業までにたくさんの権利が出てきましたね。ノートに書いてあるよね。(このとき,生徒がノートを振り返るように言葉がけ)
>
> では○○さんの列。
> (時間をかけたいところではないので一列適当にあてる)
> ノート見ながらでかまわへんから,一人一個ずつ言うてください。
>
> 生徒の反応予想：自由権・平等権・社会権・教育を受ける権利・△△さんと同じですなど…
>
> 板書　生徒の出した権利を箇条書きする
>
> これ以外にもあるけど,このへんでとめとくな。
> うーん…これだけ見てもいろんな権利があるよなあ？
> じゃあ質問なんやけど,(ぐるっと見渡して)
> "人が死ぬ権利"って憲法で保障されとうと思う？
> ※え？　と思わせたい
>
> (少し間をおいて)じゃあちょっとみんなに聞いてみよっかな。
> されとうと思う人,手を挙げてください。
>
> じゃあされてへんと思う人は？
>
> この答えは授業の途中で言います。はい,今日のテーマ。今日は"新しい権利"です。

この例のように答えを後に取っておくのを,私は**「教え惜しみ」**と呼んでいます。直接解説をしたり答えを言ったりするのではなく,発問の形にして教え惜しむことで興味を引くのです。ちょうど「いないいないバー」と同じ原理です。隠されると見たくなるのは人間の性なのでしょう。それを利用して授業も面白くできるのです。

何よりも内容が大事

ここまで生徒を授業に参加させるための,発問の作り方のコツや働きかけのコツを教えてきたわけですが,これらの働きかけをするにあたって,気をつけなければならないことがあります。私が大学で学生に指導案を書かせたときには,私が発問を中心とした生徒への働きかけの重要性を強調しすぎたために,形だけ発問や指示をして,結局何を伝えたいのかさっぱりわからない,内容のない指導案が多く見られたのです。これは私自身が初めて教えたときにも同じ失敗をしたことで,「本文を読んで,生徒に発問して,生徒が答えて,解説して…」という国語の授業の形だけをまねていて,実際には何も伝えるべきことのない授業になっていたのです。発問は,伝え

べき内容があって初めて効果的なのであり，発問ばかりで内容のない授業というのは本末転倒でしょう。

発問はどうしても時間がかかります。時間がかかるということはその分，必要栄養素を教える時間を奪っているということです。もちろん必要栄養素を食べさせるための発問ですからできる限りコツを覚えて使えるようになってほしいと思いますが，伝えるべき内容が発問で時間がなくなって伝えられなくなるということがないように，バランスよく時間を配分して使ってほしいと思います。

発問の種類

さてここまで発問の作り方を書いてきましたが，実際には発問にはいろいろな種類があり，どんな目的に使いやすいか，またどんなときに使うべきか，どんなときには使うべきでないかがあります。ここではそれぞれの発問の種類とその目的と使い方の注意点を見たいと思います。

知っていますか発問

すでに述べたように，知っていますか発問とは，例えば，鎌倉幕府ができたのは何年？とか，下克上とは何ですか？など，知識を生徒に問う発問です。この発問の目的は，前回の授業の復習や今日の授業で学んだことの確認などが中心で，基本的に生徒を参加させて授業のメインにするものではありません。それを授業の中心にすえてしまうと，**答えのわからない生徒を授業から疎外してしまう結果**になるでしょう。注意して使うことが必要です。この，答えのわからない生徒を授業から疎外してしまうということが**発問の最も大きなマイナス点**です。だからこそ，しっかりとした発問技術が必要なのです。

知っていますか発問が使えるのは，前回の復習をするときや，とりあえず軽く生徒を授業に参加させるために使うときですが，それでも多用すると生徒は授業から退避してしまう可能性が高くなります。まだ経験が浅く，授業技術が十分でないときは，使用厳禁と考えるくらいがいいでしょう。

なぜですか発問

なぜを考えさせる問いは，授業の中でも非常に重要です。「**なぜ？」という問いは，物事の原理や法則性，歴史の流れなどを理解するために必要な疑問だからです**。この「なぜですか？」発問は，社会や理科などの授業において発問の中心になると言っても過言ではありません。この発問を授業の中心に配することによって深い内容の授業を作ることができます。

ただし，すでに述べたように単に生徒に対して「なぜ～なのですか？」と聞いても，きっと出来の良い生徒しか答えられない（出来の良い生徒しか授業に参加できない）ですし，無理やり答えさせる誘導尋問になってしまうかもしれません。「なぜですか？」発問を

全員に考えてもらうには，発問の形式を転換する必要があるのです。この転換の方法はすでに「発問の作り方」のところで明らかにしたとおりです。社会や理科の授業を計画するにあたっては，なぜですか発問を中心として構成を考え，発問の転換で生徒参加の授業に変えると考えたらよいでしょう。

疑問を起こさせる発問

　「なぜですか発問」の一つなのですが，授業の導入部で非常に効果的なのが，この「疑問を起こさせる」発問です。漫才で言うところの「つかみ」の役割を持ちます。この発問のコツは，授業で教えることに関して，できるだけ**日常生活や生徒の身近にある当たり前のことを疑えるネタ**を探してくることです。例えば，「乾電池の＋－を間違えるとなぜ電気が流れない？（化学における電池の原理の導入に）」や「赤ジソは緑色でないのに光合成するのか？（ペーパークロマトグラフィーの実験の導入）」や「ギリシャのイカルスは太陽に近づきすぎて落ちて死んだけど，太陽に近づいているはずなのに富士山の気温はなぜ低いのか？（大気圧と温度の関係）」など，日常では見逃しているような疑問を問うことによって，授業全体を謎解きの形式にして好奇心を引くことができます。前述の「好奇心の素」の考え方で言えば，わかっていたと思っていたこと，当たり前だと思っていたことを疑わせることによって，「知識のズレ」を，好奇心を引き起こす「最適なズレ」になるようにひろげるのです。このような発問を授業の最初にすることによって授業の目的を明確に生徒に伝える助けになります。もちろん疑問に対しては，授業によって答えていくことになります。

何か気づいたことはありますか発問

　これまで学生が書いてきた指導案では，授業のはじめに資料を見せて「何か気づいた点は？」と聞く導入が意外と多かったのですが，これもうまくやらないと導入部分で生徒を授業に引き込むことができません。例えば「秀吉の肖像画を見て何か感じたことを発表してください」だけでは生徒の興味を引くことはできません。よほど興味深い資料を持ってくる，もしくは謎解きにしてみる，もしくは複数を比較してみる等の働きかけが必要です。これまでの例では，縄文土器と弥生土器の写真を分類させる，古墳の写真を複数見せてどこが異なるかの比較をしたりしている指導案がありました。次の「足利義満」は，この発問をうまく使い，本時の目的を意識させることに成功しています。

指導案例：足利義満

　　　　　　　　　　　　　　　　　　　　　　　　　　　　　　　導入

　肖像画を見せてまず特徴的なことを生徒に発表させ関心を持たせて本時の目的をわからせる。

> （意図）まず肖像画から入り，いろんな考えを生徒の前に思い浮かばせる。
> Q1. この人は誰かわかるかな？
>
> A. 足利義満です／わかりません。
>
> この人は室町時代三代将軍足利義満です。では，
> Q2. この絵を見て何でもいいから気づいたことを聞いてみたいと思います。
> （意図）まず好きなことを言わせる（素直な意見を求める）。
>
> じゃあ○○君。
>
> A. 目がたれている／ひげが生えている／大きそう。
>
> Q3. 他の将軍の肖像画と比べて違うなあと思う点がある人？
> （意図）質問内容をさらにしぼって本時の目的へと近づけていく。
>
> A. 坊主であるというところ／貴族のような服装。
>
> そう，この絵から見ると義満は，貴族や僧といったイメージを受けますね。また義満のおじいちゃんは有名な武士である足利尊氏ですから，義満は生まれながらの将軍であり，権力は生まれたときにすでに与えられていました。では，どうして義満は貴族・僧・武士といった三つの権力を握っていったのかを考えていきましょう。

生徒のオリジナリティが出る発問

　発問で生徒を全員授業に参加させるのに効果的なのが「生徒のオリジナリティが出る発問」です。**生徒のオリジナリティが出る問いは，答えが生徒ごとによって異なり，その答えがどんな答えでも授業と関連し，先に進めるような問いです。**例えば，英語の時間で，まず生徒に次の日曜日の予定を聞きます。予定がない人はこんなことをしようかなと思うことでいいから答えてもらいます。そして一通り答えてもらったり，書いてもらったりした後，予定を表す will を学びます。そしてその後で，書いてもらった日曜日の予定について，英文に直してもらう。このときの日曜日の予定を聞くことが生徒のオリジナルが出る発問の例なのです。このような発問をすると，生徒からの発言に対して，例えば「ヘー，阪神戦見にいくんか。誰のファンや？」などちょっとした雑談でコミュニケーションすることも可能になります。その他の例では，水素原子を画鋲の大きさにたとえると，1円玉は具体的にどのくらいの大きさになるかを想像してもらう問いや，英語の授業で今日食べてきた朝食から動詞の過去形を学ぶ問い（これは will の授業の問いをまねしたものです）などがありました。これらはどれも生徒が簡単に答えられて，生徒一人ひとりの多様性を楽しめる問いです。うまく使うことで気軽な気持ちで生徒を授業に参加させることができると思います（もちろん

授業に関係する内容で使うのが効果的です)。

　この生徒のオリジナリティが出る問いは，知っていますか発問と，対極にあると言っても良いと思います。知っていますか発問では，基本的には答えには正解があり，誰でも同じ答え（答えられたら…）になります。誰が答えても一緒なら，生徒はわざわざ自分が答えなくてもいいと思うでしょう。また，正解は一つだけですから，どうしてもその答えを引き出すためには誘導尋問的にならざるをえず，生徒の自律性を妨げてしまいます。誘導尋問は生徒の自律性をうばうのです。このようなわずかなテクニックのなさが，悪気はなくとも，授業を面白くないもの，しいては学校を面白くないものにしているのです。それが授業をすることの怖さであり，面白さでもあるのです。

自由に考えさせる発問
　これまでの指導案で，生徒に自由に考えてもらう，とかグループになって自由に考えてもらう，というような発問をしていた人が結構いたのですが，自由に考えてもらうのは実は非常に難しいのです。自由に考えてもらおうと思ったら，そのときこそ発問を十分に工夫する必要があるのです。

　例えば悪い例では，環境に関する授業をした後で，生徒に「あなただったらどのように環境問題を解決しようと思うか？」を自由に考えてもらう，という発問がありました。これだけでは，生徒は考えられませんし，考えつくことにしても常識の域を出ないものになってしまうでしょう。このような発問は，自由に考えてもらうといいながら，実は誘導尋問的性質を持っているのです。上記の問いは，価値観がはっきりしすぎている（環境を大切にする！のはあたりまえだから）だけに，自由に考えるといいながら，自由に考えられない問いなのです。

　自由に考えられる問いのコツは，一つは価値観が多様なことについて考えてもらうことです。例えば，「あなたはこれからどう生きるのか？」のような問いです。この発問で生徒に話し合ってもらうのは無理でしょうが，例えば紙に書いてもらって後で印刷して配ることで多様な意見を活かせる可能性があります。

　もう一つは対立することについて，AかBかどちらかを選択させるような問いです。いわばディベート方式です。例えばかつての指導案では，さまざまな資料を授業で提示して，最後に邪馬台国が「近畿」にあったのか「九州」にあったのかを考えさせる，という例がありました。また江戸時代末期に，幕府の立場になって開国すべきか，しないべきか，それぞれにどんなメリット，デメリットがあるかを考えさせるという例もありました。このようなやり方は，グループ活動をさせたいときに使えるでしょう。グループの中で話し合わせて意見を統一させ，それを発表させるのです。

　美術の授業についても，同じようなことがありえます。ただ「自由に描いてください」と言われても，生徒は自由に動けないのです。

美術の授業では，自由に描くために何らかの制限を設ける，例えばテーマを決めたり，表現方法を限定したりが必要なのです。これまでの例では，「春」のテーマで描く，自画像を一筆書きで描く，自画像を時間を区切って10分で3回描く，などの計画がありました。

生徒を授業に参加させるコツのまとめ

　ここまで発問作りを中心として，計画段階（指導案作成段階）における授業に生徒を参加させるコツを示してきました。計画段階でのテクニックを洗練させることで，授業を一方通行でない，生徒が参加できるものに変えることができます。また，答えの許容範囲の広い発問を効果的に使うことによって，単に答えを誘導的に答えさせる働きかけでは発揮されることのない，生徒の創造性を授業で発揮させることも可能になるはずです。

　なお，このように授業の計画を綿密に立てるのは，生徒の自由な発言を許さず，教師の計画に従って粛々と授業を進めていくために行なうためではありません。本当に良い授業の計画というものは，授業が教師のコントロールできる枠内にありながらも，教師と生徒が創造的なコミュニケーションを行なうことで，教師も生徒も授業計画よりもずっと深い理解と学びを可能にする授業実践をもたらすものなのです。そんな本当の授業の面白さを味わうためにも，計画段階での働きかけのコツをつかんでほしいと思います。授業は単なる知識の伝達手段ではなく，それ自体魅力的な創造活動なのです。

3 授業をする技術

演劇としての授業

　第2章までは，授業作りを料理作りにたとえて，まずは指導案の作り方を書いてきました。では「おいしい指導案」が作れたらそのまま良い授業ができるかというとそうではありません。なぜなら，良い授業をするには，授業を作る側面と授業をする側面があるからです。ここまでは指導案の書き方を通して「授業を作る」コツを書いてきましたから，ここからは「授業をする」コツを教えていきたいと思います。

　授業をするということを何かにたとえたなら，台本はあるけれど，リハーサルはない，教師一人がするのでなく生徒も参加する「演劇」と考えると，良い授業をするために何が必要なのかがわかりやすいと思います。

　教師は演出家であり，出演者です。時には教師が主役になることもあれば，脇役として主役の生徒たちを立てていくような役割を果たすこともあります。ある授業は教師のみが出演者で，生徒は完全に観客になっています。もちろんそれでも伝えるものがあれば授業は成り立つかもしれませんが，1日5，6時間も授業を受ける生徒たちのことを考えると，観客の立場で5，6時間劇を見続けることは困難です。あるときは生徒を主役にして演劇に深く参加させることも必要です。それが授業に生徒を参加させることの意味なのです。

授業は教師と生徒とのコミュニケーションである

　私は授業とは教師と生徒との相互コミュニケーションだと思っています。なぜなら教師は授業を通して何か伝えたいこと（「必要栄養素」であれ，何らかのメッセージであれ）を伝えようとするからです。本書の中で，授業の目的をメッセージと言っているのもその一環です。

　だから授業で教師が話すときには，モノローグ（独白）ではなく，ダイアローグ（対話）でなければならないのです。生徒から「何か教師が勝手に話しているぞ，無視無視」と思われてはだめなのです。コミュニケーションが成り立たなければ教師は授業で生徒に何かを伝えることができないのです。授業をするには，授業というコミュニケーションのための能力，もしくはコミュニケーションのコツを身に付けることが必要なのです。

授業をするコツ　――まみむめも――
　それでは授業でのコミュニケーションのコツにはどんなことがあるのでしょう。以下に述べることは授業に限らず，人前でのスピーチにも適用できる技術です。覚えやすいようにむりやり標語にしてみました。それは「まみむめも」を大切にするということです。実際に授業をするときには，ときどき自分がこの「まみむめも」ができているかを振り返ってほしいのです。どういうことかを以下に説明していきましょう。

ま　――間を大事に――
　「こんにちは杉浦です。今から授業を始めます」「こんにちは，(間)，杉浦です。今から授業を始めます」。この二つのせりふの違いがわかりますか？　前者に対して後者はより生徒と対話する姿勢が表れているのです。後者の場合，元気のいいクラスであったら，「こんにちは」と答えが返ってくるでしょう。たとえ答えが返ってこなくても，教師が生徒の答えを求めている，つまり教師が生徒との対話を求めていることが生徒に伝わるのです。間の取り方一つで，生徒とのコミュニケーションが変わってくるのです。間の取り方は生徒の授業への参加度合いも大きく左右します。一番その影響が出るのが，発問をしてから生徒に当てるまでの間でしょう。例えば，次の三つの発問のシナリオを見てください。

　　A.「○○くん，下克上ってどういう意味かわかる？」

　　B.「下克上ってどういう意味かわかる，○○くん？」

　　C.「下克上ってどういう意味かわかる？（間）うーんと，誰に当てようかな？（間）そうしたら○○くん」

　A，B，Cの3つの例をあげました。これらはすべて同じ内容の発問なのですが，それぞれの発問をしたときの生徒の授業への参加度合い（注目度合い）はずいぶんと違ってくると思います。AよりもB，BよりもCの方が多くの生徒を授業に参加させられる発問の形になっているのです。AとBは，生徒に当ててから発問をするのと，発問をしてから生徒に当てるのとの違い，BとCは，発問をしてから間があるかないかの違いです。違いはたったこれだけなのですが，AとBの例は発問に対して基本的に○○くんしか考えませんが，Cの場合は○○くん以外の生徒が（自分に当たったときに答えられるように）考えようとすることが増えるのです。ほんの小さな違いですが，そういう小さな違いの積み重ねが授業を生徒が参加できるもの，教師と生徒がコミュニケートできるものにしていくのです。ちなみに「発問をしてから間をおいて生徒に当てる」というのは，生徒を授業に参加させる基本のコツとして覚えておいた方がいいでしょう。

ただし，このような当て方は時間がかかるので，先に誰に当てるかを決めておいて（例えば列を指定しておくなど），テンポよく授業を進めていくというやり方もありえます。このあたりは授業作りの難しいところで，ねらいによってやり方が複数考えられるのです。働きかけのねらいをしっかりと定め，そのねらいに適切な方法を取ることが求められます。

み ——身体はメッセージを発する——

　私たちが人の話を聞くときには，もちろんその内容からさまざまなメッセージを受け取るのですが，それ以外にも，話をする人のほんのささいな「しぐさ」から，私たちは実に多くのメッセージを受け取っています。私たちの身体は「ボディランゲージ」を通して，メッセージを発しているのです。教師はボディランゲージを利用して生徒にメッセージを伝えると同時に，意識しないしぐさから不用意なメッセージを発しないように注意する必要があります。

　具体的には，教師は説明をするときには，身振り手振りといったボディランゲージをしっかり使うことが必要です。例えば，何かを強調するとき，何かの大きさを具体的に表したいとき（例えば釣った魚はこのくらいだった，とか…あまり授業とは関係ない話題ではありますが），何かの動きを示したいときなど，身振りを使ったボディランゲージは生徒の理解を大きく助けます。

　ところが私たちは緊張すると，どうしても手を後ろで硬く組んでしまったり，首のあたりを持ってしまったりします。そうすると，身振り手振りが使えなくなって，ボディランゲージを通して生徒にメッセージを伝えることができません。また，緊張した固い体をしていると，相手を拒否している感じを与えてしまいます。緊張するのは仕方ありませんから，少しでも慣れて，リラックスして身振り手振りを使って自分のメッセージを伝えるようにすることが必要です。

　また，生徒と教師の身体との距離も重要です。いつでも教壇にとどまっているのではなく，問題を解くときや作業を見守るとき，グループ活動のときなど，うまく機会をとらえてできるだけ生徒の近くに行ってください（机間巡視といいます）。これも生徒との間に親近感を増すのに効果的です。

　発問のときの身体の位置も工夫ができます。『授業つくり上達法』（大西忠治著　民衆社）では，発問をするときの立ち位置にも注意を払うべきだと述べています。

　例えば，発問をしてある一人の生徒を当てて答えてもらうとき，どうしても他の生徒は自分は当たっていないから関係ないと集中力が切れてしまうのですが，それが立ち位置を工夫して，他の生徒を包み込む形で教室の対角線に立って答えを聞くと，他の生徒も見られる形になるため集中力が保たれ，また教師に聞こえるような声で答えるために，他の生徒にもその意見が届きやすくなるというのです。

このような立ち位置も身体が発する一種のメッセージです。立ち位置が生徒に近くなればなるほど，生徒との心理的距離も近くなるのです。

時と場合によって適切な対応は異なってくる
　ただし上記の発問のときの立ち位置については，声が小さい生徒や自信のない生徒にとって苦痛になることもあるので，その場合はたとえ全体への配慮を犠牲にしても，ごく近くまで寄ってやることで気を楽にさせることの方が大事になるでしょう。このあたりも「授業をすること」のコツどころで，ある程度基本的な適切な対応はあるのですが（その基本的な適切な対応を明らかにしているのが本書なのです），また同時に，**時と場合によって適切な対応の仕方が変わってくる**（時には全く逆の対応が適切になる）のです。

　ちなみに，『授業つくり上達法』では，上記のように一人の生徒に近づいて答えてもらわなければいけないときには，答えている生徒に4分（よんぶ）身体を開き，残りの6分（ろくぶ）を他の生徒の方に向ける4分6（しぶろく）の構えを取るといいと述べています。それによって教師と発問に答えている生徒との「二人だけの世界」にならないようにすることが可能なのです。

む　──どんな生徒も「無視」はしない──
　授業を「邪魔する」生徒は必ずいます。さまざまな理由で積極的に邪魔をする生徒もいれば，悪気なく邪魔をする生徒もいます。具体的に言えば，理科の実験をするために実践の手順を説明した後で，注意散漫で教師の話を聞いていなかった生徒が，「先生，どうやって実験したらいいの？」と聞いてきたりすることです。さっき話したとこやろ！とつっこみたくなるところです。

　授業は必ず計画通りでないことが起こります。良い授業をするためには良い計画（良い指導案）が必要ですが，指導案を計画通り行なうことにこだわりすぎると良い授業はできません。授業を邪魔する生徒を「いないもの」として扱えば，指導案はその時点ではとりあえず計画通りに進むかもしれません。しかしながら，「いないもの」として無視された生徒は，必ずその存在を認めてもらおうと，授業を邪魔することでしょう。だからそんな生徒も無視をしないことが重要です。

　授業を進めつつ，反発を受けない程度に，その生徒に働きかけることが必要なのです。それは必ずしも授業に関係したものでなくてもいいのです。例えば，ちょっとした注意や机間巡視のときに一言二言話し掛けることでもいいですし，可能であれば簡単な質問を当ててもいいのです。ようは自分はあなたを無視していないんだということを授業に支障がない程度に態度で示すことが大事なのです。たとえそのように働きかけることが授業を進めるのにマイナスになったとしても，無視することでその生徒が感じる疎外感と，無視されたことから自分の存在を誇示しようとするための授業妨害の危

険性とを考えると，それは無駄な働きかけではないのです。

授業をすることは二重課題である
　良い授業をするには，計画した授業を進めると同時に，その一方で（指導案の計画にはなかった）授業に参加しようとしない生徒に適切に働きかけるという二つの課題を同時にすること（心理学では二重課題と言われます）ができるようになる必要があります。そのためには，授業を計画通りに進めていくことと生徒とのやりとりをすることの二つに注意を配分しないといけないのです。
　指導案で授業の計画を立てるのは，しっかり計画することで，計画通りに授業を進めることに対して使わなければらない注意のエネルギーを最小限にとどめ，残った注意のエネルギーを生徒とのやりとりに使いたいからです。はじめは授業を進めることだけに手一杯でも，慣れるにつれて授業を進めることに注意を使うことなく，生徒とのやりとりに使えるようになります。指導案作りを重要視するのは，生徒とのやりとりに十分な注意を払えるような余裕を持てる計画を作れるようになってほしいからなのです。

め　――生徒の目を見て話す――
　「黒板に授業する」という言葉があります。生徒の方を全く見ずに黒板に向かって話すことですが，この言葉は，授業をただ進めるだけで生徒とコミュニケーションをしない教師の態度を示しています。授業とは，教師が生徒に対して何らかのメッセージを伝える場なのですから，メッセージを伝える人の方を向いて話さないのでは，誰に向かってメッセージを発しているのかわからないことになってしまうでしょう。授業ではできるだけ**生徒の目を見て話す**ことを心がけることが必要です。
　ただ，生徒は普通30〜40人なので，全員に対して視線を向けるためには，四方を見回しながら，また立つ位置を変えながら話すなどの工夫をする必要があります。どうしても後ろの方の席の生徒や死角に入る前列両隅の生徒には視点が届かなくなるので，ときどき気をつけながら意識的にそれらの生徒に視点を向けるといいでしょう。「四隅に視点を忘れない」と考えたらいいと思います。私が授業をするときにはちょうど動物園のクマのように教壇の左右をうろうろと歩いて生徒の目を見るように心がけています（度が過ぎると落ち着きがないように見えるため，バランスは必要ですが）。
　また「生徒の目を見て話すこと」を心がけるだけなら，そんなに難しくないと思われるかもしれません。しかしながら，実際には私たちは緊張すると，相手の目を見て話すといったごく当たり前のノンバーバルコミュニケーションができなくなってしまうことがよくあるのです。例えば黒板に授業するということも，緊張して速く授業を進めなければと思うために，板書が終わる前から話し始めてしまうからということも原因として考えられますし，指導案をこなすのに精一杯で，指導案を書いた紙を見続けて生徒の目を見られない

ということもおおいにありうるのです。

　人の目を見て話すことは，普段友達とリラックスして話しているときには無意識にできていても，授業など人前で話すときには意識しなくてはできません。積極的に人前に出て話す機会を持ち，そこで意識しながら話すことで慣れてほしいと思います。「人の目を見て話そうとする」ことが第一歩（ホップ），それに慣れることで「人の目を見て話せるようになる」のが次の一歩（ステップ）です。

も　──生徒の状況を「モニター」しながら，臨機応変に授業を行なう──

　目を見て話すのは，何かを伝えるためであると同時に，自分が話していることが相手に伝わっているかをモニターするためです。生徒の顔を見ることで，自分の話に対する反応を知ることもできます。慣れてくれば相手の反応を見てアドリブができるようになります。例えば，わからなそうな顔をしていれば説明をもう一度繰り返すとか（説明を言い換えるのはダメなようです。生徒は言い換えると，別の話だと理解してしまうからです），生徒がこちらを向いておらず集中して話を聞けていないようであれば注意を向けさせてから話を始めるなど，臨機応変に対応することができるようになるのです。「人の目を見てアドリブで計画した内容を臨機応変に変えられる」のが最後の一歩（ジャンプ）なのです。

臨機応変に振るまうための余裕作りとしての〈シナリオ型〉指導案

　この本では「シナリオ」型指導案を作るということで，何かシナリオ通り授業を進めなければいけないと誤解されるかもしれませんが，実際にはそうではありません。指導案は，シナリオにない出来事が起こったときに，**余裕を持って臨機応変に振るまうための計画**なのです。人によってはシナリオを作りすぎると，どうしてもそのシナリオを棒読みしてしまい，生徒とコミュニケートできなかったり，予想外の出来事に臨機応変に対応できなかったりします。そういうときには，実際の授業の結果をフィードバックして，自分が一番うまく授業を進められる計画の立て方（指導案の書き方）を工夫することが必要です。それによって授業の計画の仕方が熟練していくことになり，またより良い授業ができるようになるのです。

授業は創造活動だ

　私は授業を作ること，することは面白いと思います。授業はあなたの考えを伝えられる場所です。たとえ教育実習でも，本当に伝えたいという気持ちがあれば，あなたの伝えるメッセージは生徒に届くのです。授業は単なる知識伝達の場ではなく，教師にとって一つの創造活動なのです。授業は生徒とともに創るものなのです。だから私は授業にオリジナリティが必要だと言っているのです。しっかりと技術を身につけ，伝えるべきことを見出して，生徒に多くのことを伝えてほしいと思います。

4 おいしい授業の場作り
―― 授業作りワンランクアップ（応用編）――

　本書では，ここまで授業作りを料理作りにたとえて説明をしてきました。授業作りに効果を持っている料理作りのたとえですが，筆者は実際に子どもたちを対象にして授業をするにあたって，この料理作りのたとえでは表しきれないものもあるのではないかと考えています。もしくはこのたとえによって授業作りの本質から外れるマイナス側面もあるのではないかとも考えています。4章ではこれらのことを考察し，それによって授業作りの応用編（もしくは発展編）として，新たな授業作りのヒント（特に学び合いや協同学習，教え合い授業のヒント）を示していきたいと思います。

授業作りを料理作りにたとえたときの問題とは
　授業作りを料理作りにたとえることによる最も大きなマイナスは，このたとえが「授業とは，教師が用意した内容を子どもたちに学ばせることである」という授業観を導いてしまうことではないかと考えています。
　授業研究の第一人者である佐藤（1996）は，「教室は『優れた授業』を展開する場所ではない。教室は，子ども一人ひとりがそれぞれのもろさや傷を抱え合って学び育ち合う場所なのである。『優れた授業』から自由になろう」と述べています。佐藤はまた，授業の事例研究会の主目的が，優れた授業の追求ではなく，一人残らず子どもの学びを成立させることと，その学びの質を高めることにおくと述べます。教師がどう教えたかではなく（それによって良い授業，悪い授業を判定するのではなく），子どもがどう学んだかを授業をとらえる視点にしたいという意味でしょう。
　授業作りを料理作りにたとえたとき，どうしても「教師作る人，子ども食べる人」になってしまいます。もちろん，よりおいしい授業を作ることで，学びが成立する確率は高くなるにせよ，料理作りのたとえでは，授業の成否がおいしい授業が作れたかに偏り，そもそも子どもたちがそれらを消化できたのか，つまりは子どもたちの学びが成立したのかが二の次になってしまう危険性があるのです。
　さらに，近年「学び合い」や「協同学習」を中心においた授業改革の動きが大きなうねりとなって授業のあり方を変えてきていますが，授業作りを料理作りにたとえるあり方は，この学び合いや協同学習についてうまく表すことができないという弱点も持っ

ています。

　学び合いや協同学習は，子どもたち同士の学び合いを授業の中心におく授業方法です。教師の一斉授業を減らして（ときには完全に無くして），子どもの主体的な学びと子ども同士の学び合い，教え合いを重要視します。教師はその時間の学習目標を決め，授業のデザインを決め，子どもたちの学び合いをサポートします（学び合いや協同学習の考え方は授業を作るにあたってどうしてもわかっておいてほしいことですが，それらの具体的なやり方は授業作りの基礎を学ぶという本書の目的を大きく越えるため，具体的には，参考文献の西川（2010），佐藤（2010），杉江（2011）などを参照してください）。

　このような子ども主体の授業には，本書でここまで示してきた，教師が作り，子どもが食べる料理作りのたとえでは表現しきれない要素が含まれています。学び合いや協同学習で行なわれる授業は，その目的を単に必要栄養素を消化することだけに限定していないのです。たとえるなら，日々の食事はもちろん生きるために必要な必要栄養素を摂取するためなのですが，食事がそれと同時に家族との団らんであったり，友人との会食であったりと，それ自体を楽しんだり，きずなや親睦を深めたりする役割も持っているのと同じように，学び合いや協同学習も（そして本来であればこれまでの授業も，さらに言えば学校も）知識を身につける以上の意味を持っているのです。

学校観・学習観から授業を考える
　佐藤（2010）は，学校には3つの存在根拠があると述べています。

> 　ひとつは「リテラシー（共通教養）の伝承」であり，二つ目は「デモクラシー（民主主義）の実現」であり，三つ目は「コミュニティ（共同体）の形成」です。この三つの規範は，今後どのような社会になろうと学校の存在根拠として変わることはないでしょう。学校は次の世代に文化を伝承する装置であり，その文化の伝承を通して民主主義の社会の実現を追求する装置であり，文化の伝承と学びを通して共同体を維持し存続させる装置です。

　授業作りを単に料理作りにたとえただけでは，授業は必要栄養素を食べさせること，すなわちここで佐藤の言うリテラシー（文化・知識）の伝承しかその意味を表せません。授業を料理作りにたとえた際に，そこに民主主義社会の実現や共同体の維持，存続という意味も付与するためには，より適切なたとえが必要となります。

　少し分野は変わりますが，柴田（2005）は上司のマネジメントに関した著書の中で，リーダーは「宴会の幹事」であると述べています。つまり宴会の幹事が，集まる場を設定し，料理を決め，みんなが楽しめるように企画して，気持ちよく食事ができるように

するように，仕事の場を作り，やるべき仕事の方向性を決め，気持ちよく働けるようにするのがリーダーの役目だというのです。

このリーダーシップのたとえは，授業作りにも有効ではないかと思われます。つまり教師は学ぶ場を作り，授業内容を決め，学ぶべき方向性を決め，子どもたちが必要栄養素を消化し，それと同時に仲間作り，自分作りができるようにするということです。料理を誰とどういう場所でどうやって食べるかまで考えることで，授業作りを料理作りにたとえることの利点が増すのではないかと思われます。

佐藤（2010）はまた，学びが三つの次元の「対話的実践」であると述べています。

> 私は，学びを三つの次元の対話的実践として定義しています。第一の次元は対象世界（題材・教育内容）との対話的実践です。この実践は認知的文化的実践です。第二の次元は，教師や仲間との対話的実践です。学習者は決して単独で学んでいるわけではありません。教師や仲間とのコミュニケーションを通して学んでいます。この実践は対話的社会的実践です。第三の次元は自分自身との対話的実践です。学習者は題材や教師や教室の仲間と対話するだけでなく，自分自身とも対話し自らのアイデンティティを形成しながら学びを遂行しています。この実践は自己内的実存的実践です。このように学びは対象世界（題材・教育内容）との対話（認知的文化的実践），他者との対話（対人的社会的実践），自分自身との対話（自己内的実存的実践）の三つの対話を総合した実践です。すなわち，学びは「世界づくり」と「仲間づくり」と「自分づくり」を三位一体で追求する対話的実践です。

授業作りを料理作りにたとえたときに，第一の次元である教材との対話は，食べることで食材のおいしさ（やまずさ）を知るということができるでしょう。知識を身につけるということは，題材や教材内容を取り入れ，世界を知るという意味を持つ認知的文化的実践なのです。授業作りを料理作りにたとえたとき，この意味での対話は容易に表すことができるでしょう。また，身につけた知識を消化して自分のものとし，自分が好む料理を知り，それらを自分で積極的に食べていくと考えた場合，第三の次元である自己内的実存的実践としての学びを表現することができるでしょう。サバランは，「どんなものを食べているか言ってみたまえ。君がどんな人間であるかを言いあててみせよう。」と述べていますが，まさにどんなことを学んだのかが，その人がどんな人間になるのかを決めるのです。

これらに対して第二の次元，教師や仲間とのコミュニケーションである対話的社会的実践，特に仲間と対話については，教師が作り子どもが食べると考える料理作りのたとえではうまく表現ができません。どのような食事場所を設定し，どのように食事会を盛り上げ，

どのように子どもたちが楽しく交流して料理を食べることができるようにするのかまで考えることで，はじめて第二の次元での学びも可能になるのです。

佐藤（1996）は全く同じ授業の指導案を作って行なったベテランの授業と新人の授業が大きく異なることを示し，授業をオーケストラの指揮にたとえて子どもたちの関係をつなぐことの大切さを主張しています。授業は子どもの事実や子どもと教師との関係性で大きく変わります。同じ内容を教えるのでも，クラスが違えば授業のありようは大きく変わってくるのは教師ならば誰しもが経験することでしょう。例えばおとなしく発言の少ないクラスと，お調子者がいて元気なクラスでは授業の雰囲気は大きく異なります。ほとんどの教師は，その雰囲気や状況，一人一人の子どもの状態に合わせて，授業内容なり，進め方なり，働きかけの仕方を変えていることでしょう。

このような臨機応変の働きかけは優れた料理人もまた同じように行なっているのではないでしょうか。例えば高級料亭の会食を考えてみましょう。そこで料理人や給仕さんがやっていることは，仕入れ状況や常連さんの好み，その時の様子などを見て臨機応変に出す料理を変えるという意味でまさに佐藤の言うオーケストレーションをしていることでしょう。料理もおいしい料理を作れば終わりというわけではなく，作った料理をどんな順番で，どんなタイミングで，どう飲みものと合わせ，どのような雰囲気の場所で，どのように給仕するかなども含めていい料理だと言えるでしょう。それと同じように，授業も計画ができれば終わりというわけではなく，子どもたちの状況に合わせ，臨機応変に振る舞い，有意義な学びができるようにすることが教師のすべきことなのでしょう。そして優れた教師はそれが当たり前のようにできているのでしょう。

授業はしばしば子どもたちとともに作り上げるものだと言われます。すると授業とは教師がおおよその材料と味付けを決めた上で子どもたちと一緒に作り上げていく調理実習のようなものになるのかもしれません。いや，子どもの発言によって授業が変わっていく事実を考えると，材料すら即興でくわえられていくハプニング的な料理作りだと言えるかもしれません。

授業をデザインする

佐藤（2010）は，授業のデザイン（大枠としての計画という意味で，佐藤は授業のデザインという言葉を使います）においては「主題」と，「過程の組織」が重要であると述べます。

> 授業のデザインにおいて決定的に重要なのは主題です。その教材で生徒と何を追求するのか，その主題はどのような発展性をもたらすものなのか。その洞察が授業における生徒の学びの経験の質を決定づけるものとなります。

授業のデザインにおいて主題の次に重要なものが過程の組織です。どんなに意味のある主題も，豊かな探求と表現の過程が組織されなければ，学びの経験は貧弱なものになってしまいます。
　生徒の学びの経験を認知的（文化的）経験，対人的（社会的）経験，自己内的（実存的）経験として豊かなものとして実現するために過程がデザインされます。そして教室における実践の段階では，デザインと省察を組み込んだ複雑な活動が展開されます。

　このことを料理作りにたとえるなら，教師の仕事とは，つまりはどのような味付けで料理を作るのかを決定し，どのようなプロセスで（ちょうどコースの前菜，スープ，メインディッシュ，デザートのように）料理を出すのかをデザインし，さらにはどのような食事の場を作るのかをセッティングし，子どもたちに料理を味あわせ，いろいろな意味で彼らの血や肉にしようとする営みであると言えるでしょう。この意味では，学び合いや協同学習に基づく授業も，教師主導の講義式の授業も変わりがないでしょう。
　この際，教師が教材の深い意味を味わうこと（意味を知ること）ができていなければ，授業で追及すべき主題としての味付けを決めることができず，子どもたちは何のために学ぶのかということを理解することができず，料理を味わうことができないでしょう。たとえそれがどんなにおいしい材料だったとしても，事実をただ教えるだけの，ちょうど子どもたちの口に料理を押しこむような授業ではそのおいしさを味わうことができないのです。子どもたちがその意味を味わい，仲間たちとともに楽しい食事の時間を過ごすことによって，単なる feeding（給餌＝エサを食べさせる）ではない，文化としての食事ができる，すなわち文化の伝達，消化としての学びができるのだと思います。
　イタリアから始まったスローフードと呼ばれる運動があります。ファストフードに対抗して，地域の文化を守り，環境にやさしい食の生産を考え，単に栄養補給のためだけの食事ではなく，生活の質を高めるものとしての食事を重視する考え方です。授業もまた知識を手っ取り早く吸収するだけのものから，学ぶことそれ自体を楽しんだり，その意味の深さを理解したり，仲間とわかる喜びを分かち合ったり，その学びの質が問われるようになっているのだと思われます。
　学び合いや協同学習は，子どもたちが教え合うことで，より多くの子どもたちが個に応じた教えを通して学ぶことができます。たとえ一人ひとりの知識は一人の教師に劣っているとしても，子ども同士お互い近い立場としてむしろお互いのわからなさを理解しやすく，良い教師役をこなすことが多いとも言われています（西川，2010）。そして何よりも学び合いや協同学習の効果は，子どもたちが学び合い教え合うことで，子どもたちの間で知識が共有されるこ

ととなり，それが彼らのアイデンティティの土台となりうるということです。

佐藤（2011）は，協同学習を推進した富士市立岳陽中学校の実践を紹介して，協同学習を取り入れることによって不登校が減り，学びから逃走する者が減り，学校が落ち着き，学力も上がったと報告しています。それは協同学習における学びが彼らの居場所を作ることを可能にしたからでしょう。

学び合いや協同学習を料理にたとえるなら…

学び合いや協同学習を料理作りのたとえで考えてみたらどうでしょう。佐藤氏は学び合いにおいて教師のすることは，場の設定，目標の設定，評価であると述べています。このことから考えたら，学び合いや協同学習は素材と基本の味付けをテーブルにおいて後は子どもたちに自由に作らせる焼肉パーティーが近いでしょうか。教師が作るような繊細で計画された料理ではありませんが，みんなでわいわい言いながら食べる焼肉も大味かもしれないが悪くないでしょう。中には鍋奉行ならぬ焼肉奉行が出てきて仕切りを始めるかもしれません。そうなればまさに学び合いの授業でしょう。

また調理実習と考えてもいいかもしれません。そのとき教師がすべきことは，作る料理を決めること，味付けに合ったいい素材を仕入れること，料理に慣れていない子どもたちが使いやすい料理場を作ること，いい料理道具をそろえること，そして，子どもたちを信じて任すことでしょうか。与えられるだけの料理は食べたくなくても，自分たちで作った料理はたとえ好きでない野菜だったり，出来があまりよくなかったりしても食べるのではないでしょうか。またいっしょに料理を作り，食べることを通しての仲間作り，仲間の中での自分作りをすることもできるでしょう。

授業というものはもともとおせっかいなものです。もちろん今の知識社会の中で子どもにとって学ぶとは食事と同じくらい生きていくために必要なことです。だからこそ，学校という場所で，授業というかたちで，子どもたちが好むと好まざるとにかかわらず，大人は一生懸命子どもたちに学ばせようとするのです。

しかし栄養があるから，おいしいからと言っても，食べる気のない者に食べさせるのはなかなか難しいことです。大人が食べさせようとすればするほど，逆に反発して食べたがらない子どもたちも出てきてしまいます。だからこそ教師は様々な工夫をし，子どもたちの興味を引いたり，疑問に思わせたり，考えさせたりして，子どもたちが自ら学べるような働きかけをしてきたのです。本書の『もっとおいしい授業の作り方』もまさにそのような枠組みに基づいて授業作りを料理作りにたとえ，子どもたちが食べる気になる授業の作り方を説明しようとしてきたのです。

それに対して，学び合いや協同学習は，根本から授業のあり方の枠組みを変えてしまっています。料理を作って出して食べさせるのではなく，自分たちで作らせて食べさせるのです。教師はどうして

もおいしい料理の作り方を知っているので，作って出したくなるのですが，それを我慢して子どもたちに作らせ，子どもたちはいっしょにいる他の子どもたちとお互いに料理を作り合い，食べ合って学んでいく…。実は表紙のイラストはそのことを表現したものなのです。

　筆者は教職課程の授業を受け持っています。学生の中には，友達に勉強を教えることで教えることの楽しさや「お前の教え方わかりやすい」と感謝される喜びなどを感じたことをきっかけに教師を目指す者がいます。また授業では面白くなかった勉強が，必死になって受験勉強をすることによって（つまり教えられるのではなく，自ら学ぶことによって），その教科の面白さを知り，教師を目指した者もいます。自ら学んだり，自ら教えたりすることは子どもたちにとっても楽しいことであり，またその能力を子どもたちは持っているのでしょう。そのような前提があるからこそ，学び合いや協同学習も成立するのでしょう。教師の子どもに対する信頼感が試されるのが学び合いや協同学習と言えるかもしれません。

まとめ

　授業作りを料理作りにたとえることで表現しきれない授業のあり方を考察してきました。ここまででいくつかのことが整理されたと思われます。授業作りを料理作りにたとえたとき，授業は料理を作って終わりではなく，また料理がうまくできれば終わりではなく，どのように場をセッティングし，どのようなタイミングで料理を出し，どのように子どもたちが有意義な食事ができたかまでが問題になるのだということを示してきました。また学び合いや協同学習は，教師が料理を作るのではなく，子どもたちが料理を作って食べられるよう，教師が陰ながらセッティングをする授業であり，授業で一番大切なのは，一斉教授式の授業であれ，学び合い・協同学習の授業であれ，子どもたちがもっとおいしく，楽しく，たくさん学ぶことのできる**場をいかに用意するか**なのだと思います。

　本書で授業作りを料理作りにたとえたのは，料理と同じように授業もたくさんのレパートリーを持ってほしいという思いを込めています。それら多くのレパートリーを適切に使用して，いろいろな状況にいる子どもたちが本当に学ぶことのできる授業を作ってほしいと思っています。

引用・参考文献

『学び合いスタートブック』西川純編　2010 年　学陽書房
『授業研究入門』佐藤学著　1996 年　岩波書店
『教育の方法』佐藤学著　2010 年　左右社
『授業改革の哲学』佐藤学著　2012 年　東京大学出版会
『39 歳までに組織のリーダーになる』柴田励司著　2005 年　かんき出版
『協同学習入門』杉江修治著　2011 年　ナカニシヤ出版

必読書

『授業の腕をあげる法則』向山洋一著　1985 年　明治図書
　教育の法則化運動の推進者の初期著作。この後に，膨大な授業技術の書物を著作，編集している。授業技術は「プロ教師」になるための基本・定石であると述べ，授業技術の大切さを主張している。もはや授業作りの古典と言ってもいいだろう。

『A させたいなら B と言え』岩下修著　1988 年　明治図書
　表題だけ見ると？？？だが，発問や指示の技術を学び，授業をスムーズかつ知的なものにするためには必読の書。「ゆれのないモノ」というキーワードは秀逸。授業以外にも，スポーツクラブの指導にも役立つ。クラブを指導したい人もしくはボランティアなどですでに指導している人は，今すぐにでも購入を。

『授業つくり上達法』大西忠治著　1987 年　民衆社
　授業におけるノンバーバルコミュニケーションの技術を見事に解き明かした好著。シナリオ型指導案に表れない授業技術がどれだけ授業の成否を決めているかが良くわかる。教育実習を控えた人は今すぐにでも購入を。

『新版　楽しい授業づくり入門』家本芳郎著　2011 年　高文研
　「楽しい」授業づくりについて豊富な実例を交えて紹介している本。「わかるから楽しい」授業，「楽しいからわかる」授業を作るためのネタが満載しており，本書で授業作りの基本を学んでから読むと，使える授業のネタを多く発見できるはず。

『授業のユニバーサルデザイン入門　どの子も楽しく「わかる・できる」授業の作り方』小貫　悟・桂　聖著　2014 年　東洋館出版社
　副題にあるように，どの子も楽しく「わかる・できる」授業を作るために，ユニバーサルデザインの考え方を授業に生かす方法を紹介している。障がいを持った人も含め誰もが使いやすいデザインにするのがユニバーサルデザインだとすると，発達障がいや学習障がいの子どもたちに配慮したユニバーサルデザインの授業は誰もがわかりやすい授業になる。目から鱗がぽろぽろ落ちる本。

『集中が生まれる授業』今泉博著　2002 年　学陽書房
　子どもを集中させるために，ネタと提示の仕方がどれだけ大事かを具体例を示しながら説得力を持って説明している。面白い興味を引く授業をしたい人にとってはネタの宝庫となる本。

シナリオ型指導案実例集

シナリオ型指導案：高校国語，対象学年：高校1年

使用教材：『記念写真』（赤川次郎）

本時の目的
　「幸福」は見かけだけのものではなく「本当の『幸福』とは生きていることそのものなのだ」，と気付く弓子の心境の変化を理解する（生徒自身も「幸福」について理解する）。

・前回までの物語の展開を確認
　今日は『記念写真』のクライマックス部を読んでいきたいと思います。その前に，前回までのあらすじをちょっと振り返っておきましょう！

　あらすじ：他人の幸福を許せないという主人公弓子が，幸せそうな4人家族に出会う。4人一緒の写真を撮ってくれるように弓子は頼まれたが，4人をフレームアウトさせて景色のみを写す。レストランで弓子は再び家族の姿を見かけ，反感を覚えるその傍ら，羨望の眼差しで見つめる。段々と弓子の中で存在が大きくなる4人家族。ところがその後，弓子が再び家族の姿を見かけたとき，家族はカメラとメモを残し立ち去る。弓子が残されたメモを見るとそこには，自らの命を絶つこと，葬式には（弓子が撮ったはずの）4人一緒の写真を使ってほしいということが記されていた…。
　※下線部，強調しておさらい。

・本文を読む
　それじゃあ，クライマックス部分に入ります！　第3段落後半（26頁13行目〜）を読んでください。
　※挙手，または，ランダム指名（1人）

・弓子の行動と気持ちを考える（今までの考えから明らかに変化をとげている彼女の心情をとらえる）
発問☆　弓子は4人家族が残した手紙を見て，どのような行動をとったかな？

　紙を落としてしまった，雨の中へ駆け出した，息を切らせて走った……

板書例
　　弓子　──紙を落としてしまった
　　　　　　　雨の中へ駆け出した

発問☆　このような行動をとったときの弓子，どういう気持ちだったかな？

　驚いた，死なないで，ごめんなさい，後悔，「死んじゃいけない！」，とめなきゃ…

板書例（前板書につけたす）

```
弓子　──紙を落としてしまった　　→死んじゃいけない！
　　　　　雨の中へ駆け出した　　　→後悔
```

※数人ずつ当てる。発言を聞きつつ，板書をしていく。

・4人家族の行動と気持ちを考える。（弓子の行動に対して，家族はどんな感情を抱いたのかとらえる）
　弓子はこんな風に思って，必死に崖の展望台へ走っていくんだよね。
　さぁ，弓子がそこにたどり着いたとき，4人は海の方へ向いて今にも命を絶とう！　っていうところでした。ここで，弓子は「やめて！」って叫ぶんだけれども…

発問☆　弓子に「やめて！」って止められて，その後家族はどのような行動をとったかな？

　下の女の子が弓子の肩に触れた，微笑んだ，「死なないわ」，父・母・男の子が抱き合って泣いた，「ありがとう」。

※「ありがとう」と言った，という発言が出ると嬉しい。（出なくても可）

板書例
```
家族　──父・母・男の子：抱き合って泣いた
　　　　　　　　女の子：「死なないわ」，微笑んだ
```
※　発言聞きつつ板書

・「ありがとう」という言葉の意味を考える。（この言葉に隠されている家族と弓子の思いを考える）
　さぁ…ここで「ありがとう」という発言があったんだけど…（発言がなかった場合は「27頁の14行目に『ありがとう』って台詞があるんだけど…」）

発問☆　この「ありがとう」って，誰が言った言葉だと思う？　また，そのとき，この「ありがとう」を言った人は，どんな気持ちだったかな？　とりあえず「誰なのか答えてくれるかな？」

杉浦コメント：この発問がこの授業の一番のポイントだと思う。こういう多面的な解釈ができる問いこそ，国語で中心的に考えるところだと思う。

　①女の子：死ぬのを止めてくれて"ありがとう"，生かしてくれて"ありがとう"，メモを見つけてくれて"ありがとう"…

　②父・母・男の子：（多分，女の子とほぼ同じ）

　③弓子：死なないでくれて"ありがとう"，生きてて"ありがとう"，本当の幸福の意味を教えてくれて"ありがとう"…

※回答は，①②③の3パターンになると思われるが，一つでも出なかった場合は「先生は○○○が言ったのかな〜って思うんだけどな。△△△って気持ちで」等と促してみる。

杉浦コメント：特に③が出なかった場合，「本当にそれだけ？　ほかにない？」と何度も念を押すことが必要だ

と思う。それでも出なかったら先生が言うのでいいと思う。

板書例

　　　　　　──女の子：助けてくれてありがとう
　ありがとう　──父・母・男の子：助けてくれてありがとう
　　　　　　──弓子：死なないでくれてありがとう

「ありがとう」の5文字の中に，こんなにたくさんの思いが詰まっているんだよね。

杉浦コメント：ここでは国語の意味を伝えられるところだと思う。もっと語って。例えば，「こんな風にいろいろにとらえられるのが，言葉の面白さであり，国語の面白さなんだよ」とか。

・「幸福」の意味を考える。（「生きている」ことが「幸福」なんだと理解した弓子の気持ちの推移を考える）
　みんなが「ありがとう」の気持ちになっていて，このとき弓子は女の子を抱きしめて「今，自分が幸福だ」って思ったんだよね…。じゃあ…

発問☆　この，弓子が思った「幸福」って一体何かな？

　死ななかったこと，自分たちが生きていること，素敵に暖かかった…

※「素敵に暖かかった」という発言があった場合は，「この暖かさって何だろう？　どういう意味がありそうかな？」等と聞いてみる。

板書例
　幸福　…　死ななかったこと，生きていること
　※発言聞きながら，板書

どうだろう。21頁の14行目ちょっと見てみてください。（生徒が頁をめくるまでちょっと間）「あなたたちは，悩むことも，苦しむことも，恨むことも忘れてる。そんなことで生きてるって言えるの？　恥を知りなさいよ！」
　…とありますね。弓子は最初，こんな風に思っていたんだけれど，だけど今は，純粋に，生きていることだけで幸福なんだって感じるようになっていますね。この4人家族と出会って，「ありがとう」の気持ちがあって，弓子はようやく，「幸福」の意味に辿り着けたんだと思います。

・『記念写真』というタイトルについて，考える。
　というわけで，では…

発問☆　タイトル『記念写真』の意味を考えてみよう！

　家族と弓子を引き合わせたもの，生きている証，弓子が成長できた記念写真…
　※さまざまな解釈があってよいと思われます。

今から紙を配るから，自分が思った『記念写真』ってタイトルの意味を書いて，提出してください。
　──質問の内容がいまいちわからないよっていう人は，「自分がもし作者で，この作品に『記念写真』ってタ

イトルをつけたとしたら，どういう気持ちでつけたのか」って考えて書いてね。

杉浦コメント：私なら，「ゆれのないもの発問」を使って，「記念写真ってあるけど，いったい何の記念写真だと思う？『〜の記念写真』の〜に，あなたの思う言葉を書き入れてください」とすると思う。

杉浦コメント：アンダーラインを引いた二つの発問がこの授業のポイントです。こういう多面的な解釈が可能な発問を生かすのが国語の一番の面白さだと思います。この指導案の中にはけっこう誘導的な発問も残っており，まだまだ改善の余地がありますが，そのあたりの問いはさらっと流してメインの二つの発問に力を注ぐといいでしょう。

シナリオ型指導案：中学数学（等差数列）

1. 本時の目的
等差数列とは何かを知ってもらい，さまざまな角度からの等差数列の問題を解いてもらう。

2. 本時の指導過程
教室に入り，起立・礼・着席をした後，軽く雑談をして生徒とコミュニケーションを取ってから新しい範囲に入ることを告げる。

今日は数列について勉強します。まずは等差数列について説明しますね。
ところでみなさんはいくらおこづかいをもらっていますか？
何人かに当てて答えてもらう。

（もらってません／5千円など）

最後に当てた人（5千円と答えたとして）に
では○○くんは月5千円もらってますね。そのうち半分は使って残りの2500円を何か欲しいものがあったとして毎月貯金するとしましょう。利子は考えなくていいから，3ヵ月後にはいくら貯まってる？

（7500円）

じゃあ5ヵ月後にはいくら貯まってる？

（12500円）

じゃあ3年後は？
少し考えるのに時間がかかる

（9万円）

これに5千円がもともと貯金されてて，5万円貯めたいとするよ。そしたら何ヵ月かかると思う？
（働きかけの根拠：簡単に答えられる質問を多くの生徒に当てることで授業に参加する意識を持たせる）

杉浦コメント：この一連の質問が導入としてとてもよい。わからないということを理解させることで，後でわ

かる喜びが感じさせられるのです。

違う生徒に当てる。

じゃあ○○さんわかる？

少し時間を与え答えられないとする。

○○さんありがと。こんな問題に出くわしたとき，簡単に計算できるような方法を等差数列って言うんだよ。では計算していこう。よく聞いておいてね。

前回の授業で少し数列についてふれていたとする。

板書例
5，8，11，14，17

ここにこのような数列があります。これは等差数列なんだけど，この数列を見て何か気づくことはありませんか？

（前のものに3ずつ足されている）

（一定の値3ずつ増えている）

そうですね。これは一定の値で3つずつ増えてます。この一定の値のことを公差といって，これがわからないときはdを使って表します。

さっきの話に戻るけど，おこづかいを貯めていくときの公差はいくらになる？

ひとりの生徒にあてる（2500円）

そうそう，このように一定の値ずつ増えていく数列を等差数列って言います。このとき隣り合う2つの項 a_n と a_{n+1} の間には，

$a_{n+1} = a_n + d$ すなわち $a_{n+1} - a_n = d$ という関係が成り立ちます。

じゃあ初項が a，公差が d，である等差数列 $\{a_n\}$ について考えてみよう。

a_1 はいくら？（生徒a）。じゃあ a_2 は？ …a_4 くらいまで当てていく。

$a_1 = a$
$a_2 = a_1 + d = a + d$
$a_3 = a_2 + d = a + 2d$
$a_4 = a_3 + d = a + 3d$

これを見て何か気づくことは？

（初項 a に交差 d が一つずつ足されている）

そうだね。これを一般に表すとこういう式になります。

$a_n = a + (n - 1)d$

実際に問題を解いてもらおうか！　P.63 の例を解答を見ずにやって，問 3 もやってみて。
（生徒に当てる）

正解！　じゃあ次は問題のパターンを変えてみるよ。

例 4 の問題（板書）これを解いてみて。
2, 3 分時間をとって生徒に当てる。

（わからなかった場合）
一緒に黒板でしてみようか。わかった人もわからなかった人もよく聞いておいてね。
a_5 はいくら？（生徒：-5）。じゃあ a_{10} は？（生徒：15）
じゃあ，これをそれぞれ一般式で表すとどうなる？

$a + 4d = -5$
$a + 9d = 15$

じゃあ，この連立方程式を解いてみて。a と d が出てくるから…
1, 2 分待つ。解けた？

a，つまり初項は？（$a = -21$）

d，つまり公差は？（$d = 4$）

そうすると一般項は…　$a_n = -21 + (n - 1)4 = 4n - 25$

（働きかけの根拠：細かく質問することで答えを出しやすくし，できるだけ違う人にどんどん当てていく）

（生徒が理解したか顔色をうかがいながら）だいたい等差数列についてわかったかな。

じゃあ，今のをふまえて，さっきした貯金の問題を解いてみよう。
4, 5 分取る。その間，教室を回り，考えているかを確認して回る。

じゃあ，○○さん，どうやって解いた？

生徒の言う解答を書いていく。

（わからなかったとき）

初項はいくらになる？ (5千円)。 公差は？ (2500円)

一般項はどうなる？ ($a_n = 5000 + 2500(n - 1)$)

そうだよね。で，今nの値がわからなくて，a_nの値がわかっているよね？　だから…

（5万円 = 5000 + 2500(n-1)）

そうそう。で，答えはいくらになる？　計算して……

（19ヵ月）

こんな風にして等差数列を使うと簡単に出てきます。

杉浦コメント：導入部分が伏線になってこの発問が生きています。等差数列の意味（ささやかなものですが）を感じさせようとする働きかけになっています。ただ最後のまとめの言葉はもう少し語ってほしい。このあたりの言葉はどうしても数学科の学生の人は弱いので，意識して語ってほしい。ここでは等差数列の役立つ点でもいいし，面白さでもいいので，メッセージとして生徒に何かを伝えてほしい。

次回の授業の予告をして終わり。

杉浦コメント：数学の抽象的な考え方（公式，数式）と具体的な生活とをうまく関係づけられていると思います。このように両者をバランスよく構成することが数学の意味を感じさせる働きかけになるのです。

シナリオ型指導案：高校生物（アンモニアの噴水）

本時の目的
　アンモニアの性質（アルカリ性，水に非常によく溶ける，猛毒）
　フェノールフタレイン液の性質（アルカリ性で赤になる）

杉浦コメント：「実験の楽しさを感じさせる」をメインの目的と考えてもいいかも

本時の指導過程
　○実験は理科室で行なう。休み時間のうちに，生徒を理科室に集めておく。

「みんな集まったかー？　今日は，アンモニア噴水実験をやります。アンモニアが今日の実験の主役やから，もう一回確認しとこうかぁ。
発問☆　アンモニアって，どんなんやった？」
意図：実験対象の再確認
　○生徒に挙手で答えさせ，出た答えを板書していく。

＜予想される答え＞
　　知らん　わからん　臭い　トイレにある　軽い　アルカリ性　気体　水によく溶ける　等
　　（なかなか理科的な答えが出なければ，生徒にこだわらず「こんなんもあったなぁ」とこちらからどんどん出していっても良いと思う）

　「よし，ありがとう。そうやな，こんな特徴のある物質がアンモニアやな。今日やる実験は，この…（『水によく溶ける』にマル）水によく溶けるっていう性質を利用した実験をやるからな。名付けて『アンモニア噴水実験』や。なんでかは見たらみんな納得するわ。
　じゃあ実験器具配ります。その前にこれだけみんなノートに書いてー。」

●ここまで5分●

○以下板書する。

○月×日△曜日　＜アンモニア噴水実験＞
○ねらい
　　アンモニアの性質について理解し，実験器具の使い方，フェノールフタレイン液の使い方について学ぶ。
○実験器具
　　スタンド　丸底フラスコ　穴あきゴム栓　ガラス管　スポイト　水槽　フェノールフタレイン液　アンモニア液（28％）

●ここまで10分●

意図：ノートに板書しながら，今回の実験の目的と使う器具について，ある程度生徒に知ってもらう。実験器具は，前日から破損，欠陥がないか入念にチェックし，十分にそろえておく。（事故防止，また実験を円滑に進めるため。）

　「じゃあ前に実験器具置いてるから，班の中から一人ずつ来て持っていってください。ガラスとか落とすなよ！　走るなよ！」

意図：生徒はジャンケンとかしたりしながら，各々役割分担し，各班実験器具を持っていく。また，おそらく教室中で実験器具をもった生徒が歩き回っている状態なので，危ない。走る，ふざける等，危険な行為は注意する。席についてから，勝手に実験器具をいじくる生徒もいるかと思うが，仕組みがわかって良いのであえていじらせる。また，この時点で，アンモニアは絶対にまだ渡さない！　これっばかりは勝手にいじられると大変危険だから。このあと手渡し。

　「じゃ次にアンモニアを渡します。今日使うのは原液で，濃いです。吸うと気分が悪くなったり，目や鼻の粘膜に溶けたら目がつぶれたりします。すんごい危ない。でも，みんながちゃんと気をつけて使えば何ともないから，気をつけるように！　窓際の人，窓全開にしてー。」

意図：薬品の恐さを十分に知ってもらう。

　「気分が悪くなったらすぐ先生のところに言いにこいよ！　んで外に出て，新鮮な空気を吸って下さい。手とか服とかにも付かないように気をつけて。付いたらすぐ洗ってな。他にも何かあったらすぐ先生のトコにきて

な，怒ったりしいひんから。じゃ配るぞー。」

○各班まわって，直接アンモニアの入ったビンを机に置いていく。

「じゃあ実験始めよう！」

意図：実験器具を取り忘れた生徒がいたら（おそらくいる）渡してあげる。

「まず，丸底フラスコあるな？　それにさっき配ったアンモニアを二滴くらい入れて下さい。入れすぎたりすんなよ！　たのむから気ぃつけてやってくれよー！　入れたら，丸い部分をこうやって手であっためて。」

○自分は，前で同じようにやって見せる。班も回って指導する。特にアンモニアの取り扱い，生徒の異常に気をつける。恐らく，アンモニアの臭いでさわぐ子，異常が出る子，いろいろ動きが出る。事故が起こりやすい状況なので，注意を払う。ふざける生徒は厳しく注意する。

意図：怒られれば，どれだけ危ないかわかってもらえるだろう。

「はい，ここで丸底フラスコの口は下に向けておいてください。(発問) なんでだ？　わかるかなぁ？」
「アンモニアは空気より軽いから，上に向けたら全部出て行ってまうねんな。だからちゃんと下向いといてな。」

意図：実験中のため，この発問で挙手は避け，確認の意味でこちらから発問→答えを提供する。

杉浦コメント：これがまさに「ひとりつっこみ」のテクニック。実験など時間を使いたくないときの発問に使える。

次に，ゴム栓をはめて，ガラス管を通してください。ガラス管落とすなよ！　手切るぞ！　んでもう一人手あいてる人は，水槽に水入れてください。いっぱいな。んでフェノールフタレイン液を七滴くらい入れてください。丸底フラスコと水槽をスタンド使ってこんな風に…セットします。できたかー？」

意図：自分で前でセットしながら説明する。生徒はこれを見ながら同じように実験器具を組んでいく。

○うまくできない等，問題の出てくる生徒がいると思われるので（ってかおそらくいる）再度班を回り，指導する。またこのとき，各班テーブルから，アンモニアの入ったビンを回収する。と同時に各班セッティングがしっかりできているか確認し足りない部分，間違った部分を指導する。生徒をいったん座らせる。

<予想される事象>
○丸底フラスコがしっかり固定されていない。
○アンモニアがうまく満たされていない。
○ゴム栓がゆるい。
○目が痛い，鼻が痛い，気分が悪い。（すぐに外に出してやる。）

意図：この実験は失敗する場合がある。噴水を見てもらいたいのでセッティングはしっかりする。同時に，生徒一人ひとりに目を向ける機会でもある。また，生徒は恐らく実験装置製作などで自由に動きまわっていたため落ち着きをなくしていると思われるので，もう一度今日の目的を振り返り，頭を使ってもらって落ち着かせ

る。

「よーし，できたな。今，みんなの目の前にある丸底フラスコの中には，アンモニアがいーっぱいつまってる。**(発問)** 今日先生が，実験始める前に言ったこと覚えてるかー？」
「今日は，アンモニアの『水に良く溶ける』性質を利用した実験だっていったよな？　それだけ頭に入れながら，じゃあスポイトに水を入れて，ゴム栓につっこんでください。まだ水出すなよ！　みんな一斉にやるからな！」

○準備が整う。もし，もう水を出して始めてしまった生徒がいてもいい。そうなったらもうどんどんやらせる。

「じゃスポイトの水を出してください。」

○各班で一斉にフラスコの中できれいな赤い噴水がみられる。声をあげる生徒，驚く生徒，反応はさまざまだろう。

意図：アンモニアの性質（フラスコの中が，水を吸い上げるほどの真空状態になるくらいアンモニアは水に非常によく溶けるということ，アンモニア水溶液はアルカリ性であり，フェノールフタレイン液はアルカリに反応して赤くなるということ）を視覚的に感じてもらえる。

「どうや？　きれいやったやろ？　じゃあ，**(発問)** なんでああなったか，考えてみようか。」

●ここまで25分●

○以下は板書に図を書きながらの説明。
「まず，スポイトの水がこう…ピュっとフラスコの中に入るな。そしたら，この水にフラスコの中のアンモニアがぐーんと一気に溶ける。**(発問)** ぐーんと溶けてフラスコの中には何が残る？　○○さん？」（手前の生徒を当てる）

＜予想される答え＞
　アンモニア…？　何も残ってない…？　空気…？　真空？

○以下さらに色付きで板書しながら詳しく説明。
「まず，フラスコの中はアンモニアでいっぱいだった。でも，そこへ水が入ってきた。フラスコいっぱいのアンモニアがぜーんぶたった四,五滴の水に溶け込んでしまったわけだ。フラスコにはゴム栓もしてあって，何か代わりの物がない限り真空状態になってしまうな？　ところが，代わりはある。**(発問)** ゴム栓からは何かが伸びてるなぁ？（ガラス管を指差す）ガラス管がこうにゅーっと伸びて，水槽に。真空状態になっていくフラスコの中へ，水槽の水はたまらず吸い込まれるわけだ。これが，あの噴水の仕組みです。」

意図：聞き入る生徒，まだ実験器具をいじる生徒，勝手にレポート書き出す生徒，図をちゃんとノートに写している生徒，メインイベントが終わり授業時間も終わりに近づいているので，生徒の反応もさまざまだと思われるが，板書をノートに写すことは強制しない。むしろ今は理解してもらうことを最優先する。ただ，「大事だと思うところだけはメモしといてよー」とだけ伝える。うまく運べば，何が大事か，何が今日学ぶところなのか，生徒は受身ではなく能動的に判断して，自分だけのノートを作ってくれるだろう。

「次に，水槽の透明な水が，噴水になった瞬間きれいな赤になったよな？（発問）これなんでかわかるか？水槽の水とフラスコの中の水との違い。それは水槽の水が中性なのに対してフラスコの中の水がアルカリ性だということです。（発問）水槽の水に何か入れてたよな？　これです（フェノールフタレイン液をおもむろにとりだす）。入れといたフェノールフタレイン液が，フラスコの中でアルカリ性になった瞬間反応して，赤くなった，と。これが水が赤かった仕組みです。」

「フラスコいっぱいのアンモニアが，たった数滴の水にぜーんぶ溶けてしまう。だからアンモニアは，しばしば水に『非常によく溶ける』と表現されます。アルカリ性で，ものすごく危ない薬品ってことも覚えといてな。みんな，わかったかーい？（楽しげに）」

生徒「はーーい！！」（実際こんな展開はありえるのか？笑）

「では，これで実験を終わります。各班レポート作って出してください。じゃ片付けるぞー。」

意図：授業の最後は，失敗した子も成功した子も，みんなよくがんばりました的な気持ちを全面に出していく。廊下に出て行く生徒が，だるそうに出て行くのではなく，実験の失敗した話とか，誰がどうやった，あれがどうやった，など話しながら，「まぁ…おもろかったんちゃう？」ぐらいまでもっていけたら上出来かなと思います。

●ここまで10分●

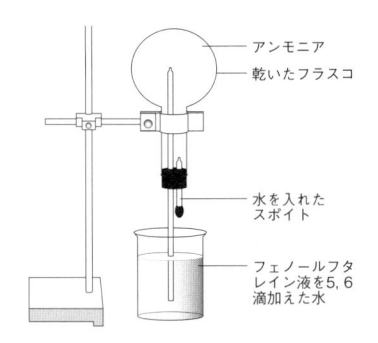

杉浦コメント：実験を面白く感じさせるように，うまく「教え惜しんで」いる。実験するにあたってさまざまな状況を予想して，対処を計画しているところも good。実際に実験をしてみたらもっといろいろなことが起こるのだけれど，少しでも予測できることはしておいた方が，トラブルに余裕をもって対処できることになる。これは実験をしようとする指導案ではぜひまねしてほしい。

シナリオ型指導案：中学英語（英語の基礎，ノンバーバルコミュニケーション），対象学年：中学一年

授業の目的

英語を授業科目の一つとして勉強するのではなく，英語を「英語」として楽しみながら勉強していけるように，英語に興味を持つきっかけを作る

指導過程（中学１年，２回目の授業）

おはようございます！　みなさん，中学校にはもう慣れたかな？中学校では，小学校で勉強しなかった新しい

ことをいっぱいいっぱい勉強するんよ。その一つがこの「英語」やから，難しく考えず，一緒に楽しんで勉強しましょうね。

英語は言葉の勉強です。やから，英語を学ぶ上で大切なことは，日々それを続けることなんだ。英語を毎日聞いたり，話したりすることが，英語をうまく話せるようになる一番の近道やから，みんなには英語を毎日少しでも勉強してほしいんよ。だから，みんなにはぜったい授業を休まないことを約束してほしいんや。約束やで☆

授業の中身

① 前回授業の復習

では，前回授業の復習から始めようかな。前回の授業では，アルファベットをみんなで読んだり，書いたりして，覚えましたよね。みなさん，アルファベットはもう覚えれたかな？一回ノートにアルファベットをすべて書いてみましょう。どーぞ！！

（この間，生徒の周りを歩き回って，手が止まっている生徒がいないかを見る）

よし！　みんな書けたかな？　では，次にそれを声に出して言ってみましょう。みんな私に続いて言ってね。(Repeat after me って言ってもいい)

私：ABCDEFG・・・はいっ！

生徒：ABCDEFG！
（このようにして，最後まで読む）

② 歌を歌う（歌をとおして，英語をよりいっそう楽しく学ぶ）

オッケー！　みんなしっかり読めました。では，続いてこのアルファベットを使って，ABCの歌を歌いましょう。

（テープを流して，みんなといっしょに1，2回歌う。）

（①のつづき）

はい！　よくできました！　アルファベットは英語を構成している最も基礎の部分です。だから，ちゃんと覚えましょうね。

あと，前回では英語の簡単なあいさつも勉強しました！　p．2を開けてください。
（みんなが教科書を開いたのを確認して）
はい。前やったけど，みんな覚えてる？　誰かに読んでもらうよ。
（間）
読める人，手を挙げて！（読める人は raise your hand と言ってもいい）

（生徒一人をあてて，読んでもらう）

生徒：
　『Hi, Mark.
　　Hi, Yumi.

How are you?
　　Fine, thank you.
　　Fine, thank you.』

　はい，そうですね。よく出来ました！　ではみんな隣の人とペアになって，ここを読んでください！

　（しっかり読めているか，見回りながら確認する。）

③ **絵や図を使う（生徒が授業に対して積極的に，理解できる）**
　では，復習はここまでです。次にやるのは，教室でよく使われるセリフです。
　これからの授業で，先生が何度も使うであろうセリフなので，しっかり覚えてね。

　　1. stand up（立ちなさい）
　　2. sit down（座りなさい）
　　3. raise your hand（手を挙げなさい）
　　4. open your books（本を開けなさい）
　　5. close your books（本を閉じなさい）
　　6. listen to the tape（テープを聴きなさい）
　　7. look at the board（黒板を見なさい）
　　8. quiet, please（静かにしなさい）
　　9. repeat（繰り返しなさい）
　　10. open your books to page four（教科書の4ページを開きなさい）
　　11. let's read together（一緒に読みましょう）
　　12. write this down（これを書きなさい）
　　（それぞれ，絵を見せながら，意味を教える）
　　※ ここでは，文法などの細かいことはあまり教えずに，できるだけ暗記してもらうようにする⇒そうすることで，英語を体で覚えることができる。

　はい。みんな覚えられたかな？　覚えきれてない人もいると思うけど，家に帰ってから何回か声に出して，復習するようにしてね。私の授業はほとんど予習を出さないので，その代わりに，しっかり復習するようにしてね。家に帰ってから5分間復習するだけで，全然（理解が）違うから。

　さっきのセリフのどれかを言うので，みんなその動きをとってね。
　では，みんな Stand up！（生徒全員立つ）
　（ランダムにセリフを読み，生徒がうまくできているかを確認。ちょっとずつスピードをあげ，みんなのテンションもあげていく）

　はい。よく出来ました。ではみんな Sit down！（生徒全員座る）

　よくできましたー！　では次にジェスチャーについて勉強します！
　すこし疲れたかな？
　（疲れてそうなら1分休憩，と言って1分休憩をとる）

そしたら，始めましょう。
（七枚の絵を取り出してみんなに見せる。）←絵はみんなが見やすい大きさ
じゃー，この絵はどんなことを表しているでしょう。誰か分かる人？
（間）
○○くん，これはどういうことをあらわしていると思いますか？

生徒：静かにして（シー）って意味だと思います！

そうだよね。これはシーって意味を表しています。英語では Be quiet って言うんだけどここでは，とりあえずこのジェスチャーがどんなことを表しているかさえ覚えてくれたら OK だよ。
じゃー次の絵はどんな意味をあらわしているでしょう？
（このようにして何人か当てて，発表してもらう）

英語でどういうか分からないときは，あきらめないで，このようにジェスチャーを使って意味を伝えるようにしよう。ジェスチャーをうまく使うってことは英語をうまく話すってことにつながるんだ。では，言葉を使わずにジェスチャーを使って誰かに意味を伝える練習をしましょう！

（クラス一人ひとりに意味の異なった言葉の書かれた紙をくばる）

みんな，一人一枚紙もってるかな？（確認）
では，そこに書いてある言葉を声に出さないで，隣の友達に教えてあげてね。まずは右側の人が教える番。左の人はどういう意味かを考えてね。

（右の人がだいたい終わったら，続いて交代して繰り返す）

では，ここまでです。みんなジェスチャーで言葉の意味をしっかり伝えられたかな？
（間）
言葉を使わずに，言いたいことを伝えるのって結構思っていたよりむずかしかったでしょ？　でも英語ではこのジェスチャーでいいたいことを伝えることってとっても大切なことなんだ。ここでは，そのことを理解しといてくれたらいいよ。

④ 本文理解
では，Open your books to page twelve！まだ習ってないけど，この twelve ってのは 12 って意味だよ。（みんなが 12 ページを開いていることを確認する）
では，少し時間を取るので，この文をノートに書き写して。（Write this down）

『Good morning.
　　Good morning.
　I'm Yumi.
　　I'm　Lisa Green.』
（みんなが書き終わったことを確認）
はい。では Repeat after me！
（音読）
では誰かに読んでもらいましょう。

（間）
○○さん，読んでください。
生徒：（音読）
（意味を伝え，このページの内容を進める）

（授業時間３分前まで，内容をすすめる。）

　今日はここまで！　みんないっぱい新しいこと勉強したから頭がいっぱいになってるかな？　このままほったらかしたら，頭のなかがごちゃごちゃになっちゃうんよ。だから，家に帰ったあとで５分間しっかり頭の整理整頓してね。
　ではみなさん。Good　Bye！

　杉浦コメント：私は英語の授業（特にコミュニケーションを中心とした授業）と，スポーツ系のクラブの練習とは非常に似ていると考えています。それはテンポが重要であるということ，そのために習慣化を進める必要があるということ，一つ一つのやることに意味を伝えることなどです。この授業のテンポのよさと意味伝えの働きかけの適切さは英語の人にはぜひ真似をしてほしいと思います。

シナリオ型指導案：中学地理（東南アジア）

本時の目的
　どの地域が東南アジアと呼ばれているのか，そこにはどのような人が暮らしているか，東南アジアの国々の位置と名前，地形をわからせ，日本との関わりを教える。

本時の指導過程
　（発言・働きかけの意図，以下単に「意図」と示す）

　今日の給食が何であったのかを思い出させ，発言させる。
　意図：日本ではない遠くの国々のことであるという意識をやめさせ，身近な国で自分にすごく関係していると意識させる。そして授業内容を堅苦しいものではなく，友達のことを知ることのように意識できるようにしむけ，意欲を出させる。

　問1-1：今，５時間目でしんどいやろけどしっかりしいや。ところで今日の給食どうやった？　好きなもんやったか？
　答えの予想：ふつうやった，あんま好きやない，おいしかったなどなど。

　問1-2：そうか，じゃあみんな今日の献立何やったか言うてみ。
　答えの予想：きのこご飯，豚汁，牛乳，バナナ（実際には献立表が資料として添付されていました）

　問1-3：おお，そうやそうや，じゃあ，豚汁の中にどんなもの入ってた？
　答えの予想：こいも，豚肉，大根，えびなど。

　説明：なかなか覚えているやん。今言うたえびとデザートのバナナあるやん。このえびとバナナはほとんどが，今日やる東南アジアにある国から輸入されたものなんや。ええか，だから自分らにすごい関係の深い地域のことをやるから深く考えるんやで。まあ言うたら友達みたいなもんやな。みんな友達のことやったら何が好

きとかよう知ってるやろ。だから国でも同じで，その国のことを知っておかないと付き合いできへんで。キーワードを覚えるのも，友達の趣味を覚えるものやと思って覚えときや。ずっと付き合っていくんやから。
（杉浦コメント：なぜ東南アジアを学ぶかの必然性が提供できている。こういう小さな働きかけの積み重ねが大事）

じゃあ始めるで。教科書P.78と地図帳の最初のページ開いて。教科書の左下の地図あるな。ここで色がついてて名前が書いてある国あるやん。ミャンマー，ラオス，ベトナム，etc。これらの国々があるところが東南アジアです。次，地図帳でどこにあるか探してみて。

見つかった？ ちょうど真中あたりにあるやろ。
（生徒に地図帳の位置を指で指し示す）

はい，地図帳をおいて，教科書に戻ります。じゃあ誰かに読んでもらおうか。
（生徒を指名し，教科書を読ませる）

意図：国ごとの宗教，多くの言語の存在の確認。ここでも日本を出してきて生徒に親しみを持たせる。
はい，いいよ。今読んでもらったところに書いてたな。稲作中心の生活文化って，日本と同じやな。どうよ。親しみ出てきたんちがうか。赤線でも引いとこか。
それと宗教いっぱい出てきたな。あと言語の種類もたくさんあるわ。教科書の上に書いてるけど，シンガポール一つを見ても小さな国なのに日本と違っていろんな人が住んでて，いろんな言語使ってんねん。
意図：さまざまな民族からなっていることの強調

問2-1：じゃあ，質問するけど，なぜこんなに宗教や言語が多いと思いますか？ 教科書読んで考えてみ。
答え：移民が多いから。さまざまな民族がいるから？

説明：はい，そうやね。東南アジアには移民が多くて，いろんな民族が暮らしている。じゃあなんでこんな移民が多いのかって言うと，もう一度地図帳の最初のページを開いてみ。
東南アジアはな，位置的にちょうど昔の船旅の通り道やったんよ（例として地図上でマゼラン一行の航路を示す）。そこで航路の途中，いろいろな国の人たちが立ち寄ったとき，そこに住み着いたりした人もいると。だから一つの国に多くの民族がいて，多くの宗教があったりするんだよ。

問2-2：だってみんなも旅行とかいったとき，ここに住みたいとか思うときあるやろ？
答え：ある，ない，などいろいろ。

まあ，だから昔の人もみんな同じように残りたいと思った人がその国に残っていったわけよ。

次，P.79の（東南アジアで活躍する華人）のところを読んでもらうよ。
生徒を指名し，音読させる。

説明：つまり華人っていう人は，海外に仮に住む人でなく，海外で現地の国籍を持った中国人のことを言うと。まあ，たとえば先生が「俺はタイのお寺が好きや（ここで教科書P.77を見てと指示）。俺はタイにずっと住んで僧になる人や」って言って，日本人やなく，タイの国籍を取ってタイ人になる。これを中国人がやると

華人って言うやってことやな。
　意図：自分を例にあげ，わかりやすく説明。ついでに教科書でタイの寺の形が日本と違っていることも見せておく。

　指示：はい，じゃあ今までのところを黒板にまとめるから板書していって。
（まとめて板書に書く。板書計画もあり）

（みんなが写し終わり，ペンを机におくのを確認してから，「じゃあ（豊かな自然）のところを読んでもらおうか。」指名し，音読）

　説明：黒板に絵を書き，簡単に三角州を説明。
　今出てきた季節風，これは次の授業でやる米作りに関わるんで次に説明するからおいといて。果物とか動物の名前出てきたな。ドリアンとかマンゴーとかアボカドやって食べたことあるか？　先生はないわ。あとトラ，ワニ，サイ，ゾウが住んでいるやって，日本には動物園に行かな見れんやんな。もしかしたら，みんなが動物園で見た動物も，東南アジアから来たかもしれんで。

　とりあえず，今日は東南アジアの国々の位置と大きな川の名前，場所をわかってもらいたいんで，このプリント（地図に国名，川の名前を書くもの）を地図を見ながらやっていって。

　最初に言ったけど，まあこの作業はこれからみんなが長く付き合っていく友達の名前と住所を覚えるようなもんや。しっかり覚えたってな。
　（杉浦コメント：地理を学ぶ必然性と意味を伝えられています。こんな小さな働きかけが必要。(15秒意味伝え)）
　生徒の様子を見て，回りながら質問があれば聞く。

　じゃあ答え合わせしようか。

　生徒を指名し，答えの確認をして終わり。

杉浦コメント：地理を学ぶ必然性と意味を積極的に伝えられていると思います。東南アジアが「自分と関係することなんだ！」ということをよく伝えられています。言葉でのごく小さな働きかけですが，このような働きかけは時間もかからず，簡単にできるだけに，意識的に言葉に出して伝えてほしいことです。地図帳や教科書の使い方もメリハリがあってOK。

シナリオ型指導案：高校美術（春のコラージュ）

本時の目的
・自作の色紙をコラージュして「春」という題で始まりの季節を表現させる。
・コラージュの面白みを知ることから造形美術に親しませる。
・試行錯誤しながら，色や形にすることで，自然と自分と向き合い，言葉では表現しきれなかったものを表現し，認識する。造形表現の可能性の大きさを発見させる。

本時の指導過程

（導入１：今回のテーマ「春」を知る）

「春」始まりの季節，と板書する。

「今日は１学期初めての課題です。新しい１年の始まりというわけなので，「春」という題で始まりの季節を表現してもらいたいと思います。一般的なイメージにはこだわらなくていいから，自分の思う「春」・「春」に感じることなどを大切にしてな。」

（導入２：今回使用する技法，コラージュについて理解する）

「はい，それではこれを見てください。」

（２種類の作品例を黒板に貼る。Ａはポスターカラーによる着彩。Ｂはちぎった包装紙や折った紙，紐などを使ったコラージュおよびさまざまな写真を切り取ったコラージュ）（実際の指導案には絵が書いてありました：杉浦コメント）

「これを見た時点で，今回は色を使ってやるということはわかったと思うんやけど…。」

発問１「このＡとＢの二つの作品，どんなところに違いがあるかな？ Ａは絵にそのまま絵の具で塗っているんやけど，Ｂはどうかな？」
答えの予想：いろいろなものを貼っている，Ａよりも立体感がある，など…

「うん，Ｂは折った紙，紐，写真などさまざまな素材を張り合わせて表現しているね。塗っただけのＡに比べると立体感もあります。このような技法をコラージュと言います。」

「コラージュはＢのように何を使ってもいいんやけど，今回は自分だけの色紙を作って，自分だけの『春』というものを作り上げていってもらおうと思います。」

------------------------------------- 以上導入

（課題の具体的内容を知る）

黒板に「自分だけの色紙」と書いて，独自の表現を目指させる。

25cm 角の大きさの台紙を配る。

「この台紙に貼っていってください。これにも色をつけていいよ。色紙は自分のスケッチブックに作ってください。色は自由やから，自分の『春』にいるものを作っていってね。」

平塗りでもかまわないが，工夫したり個性をより出させるために，千代紙やグラデーションの色紙を見せたり，スパッタリング・ドリッピングされた作例を紹介する。

発問２「さてさてじゃあ，『春』の始まりの季節に思いつくこと，感じるものをあげてみよう。」「春と言えば

……じゃあ，○○くん。」
　予想：桜，花，若葉，新学期，入学式，楽しい，暖かい，わくわく，不安等（板書する）

　花や若葉などの具体的事物と感情などの抽象的事柄の両方に目を向けさせ，よりいっそう個性的な表現を目指させる。

-- 創作開始

・何を表現したらいいのかあいまいで戸惑っている子には，「まずは自分が今感じる色で色紙をどんどん作ってみよう。作ってみて『違うな』と思ったら次々作ればいいし，すぐに貼らないで置いてみて試してやっていったら少しずつ形になるよ。」と，失敗を怖がる必要のないことをわからせて段階を踏んで取り組ませることで，言葉で認識（表現）仕切れなかったことを形にさせる。

・ドリッピングやスパッタリング，グラデーション，ぼかしや模様など意欲的に工夫して色紙を作っている生徒には誉めてあげる。

・独自の形に切ったり，折っている生徒にもその意欲を誉めてあげる。

（終わりに近づいたら）十分に作品と向かい合って完成を見極めさせる（完成の見極めも大切な表現活動である）。

-- 鑑賞

全員の作品を比べてまずは自己評価させ，その後互いの良い点や感想を発表させ合う。
（評価を下すのではなく，自己探求の通過点，友達との交流という意味を大切にする）

「並べて自分の作品や友達の作品を見てどうですか？　今回，コラージュという方法で試しながらやっていきましたが，言葉では表現できないものが作品の中では形になっていたり，意外なものが表現できたり発見もあったんじゃないかな？　ここにはそれぞれの言葉では表せないものが色と形という言葉にはない形であらわれていると思います。」

「やってみること，形にしていくことで，改めて知ることができたと思うけど，これは何もコラージュに限ったことではありません。コラージュには段階がはっきりあったので理解しやすかったかもしれませんが，これは造形表現すべてに言える特長です。」

提出用の紙を配って，
「これからまたいろんな作品を作っていくけど，それをわすれずに積極的に作っていきましょう。では，最後にもう一度，皆の作品を見たり，感想を聞いて思ったこと，反省したこと，発見したことを考えてみてください。」

杉浦コメント：なぜ「春」というテーマなのか，なぜ「コラージュ」なのかを，はじめの働きかけでしっかりと伝えていると思います。美術で発問は難しい（無理して使わなくてもいい）のですが，この指導案ではうまく生徒が「春」のイメージをふくらませられるような働きかけになっています。美術や技術などの実習系の科目では，このような必然性を与える働きかけ，作品作りのヒントを与える働きかけを前半の導入部分でどれだけ（短い時間に）できるかが成否を分けます。この指導案はそれをどうやればいいかの参考の一つになると思います。

シナリオ型指導案：高校生物

単元：恒常性の調節のしくみ（神経系による調節）
利用教科書：三省堂『詳説生物ⅠB改訂版』pp. 226～227

《本時の目的》
　恒常性の理解とその調節（今回は神経系の調節のみ）の仕組みについて，身近にあるものを通して理解させる。

《本時の指導過程》
・授業の食前酒・前菜
　→身近な状況，時事問題などを通して今回の授業内容をわかりやすく生徒に知らせる。

　「しかし，今日は寒いなー。先生夏も嫌いやけど，冬はさらに嫌いやわ。ところで，そやな，○○くん，自分いつの季節が好き？」

　予測される回答⇒秋／春

　「なんでや？」

　予測される回答⇒気候がいい／食い物がうまい etc（特に回答にはこだわらない）

　「まあ，みんなそんなとこやろな。当然，イベントが多いから夏やら冬が好きゆう人もおるやろうけど，肉体的にはつらい季節やな。例えば夏。猛暑や，外出た瞬間焦げてまいそうになるもんな。最近では夏太りゆうのもあるみたいやけど，普通夏といえばその暑さによって食欲不振になって夏痩せしてまうわな。そんで冬や。最近ではそんなに厳しい日もなくなってきたけど，今日みたいに寒いわな。そのせいで，出不精になって運動せえへん。目の前にはおつまみがいっぱいなわけや。そんでもってやれクリスマスや，やれ正月やゆうて食い放題の日が続いてブクブクワンサイズアップや。いざ春になって薄着になってみたらそれはそれは無残な姿になってるわけや。みんな毎年のように〝今から間に合う部分痩せダイエット〟みたいな企画に踊らされるわけやな（笑）。とまあ，冗談はさておき今の話で少し疑問に持ってほしいことがあるねん。夏の気温ってどれくらいやろ？　△△さん。」

　予測される回答⇒35℃ぐらい（この付近なら OK）

　「そんなもんやろな。じゃあ，冬は？　□□くん。」

　予測される回答⇒5℃ぐらい（この付近なら OK）

　「そやな。大阪でも寒かったら0℃になるし，北海道なんかやったら－10℃ぐらいざらやろな。考えてみて。年間で40℃近い気温差があるわけや。風呂やったら快適な温度から氷なりかけの温度の違いなわけや。にもかかわらず，人間をはじめとして哺乳類や鳥類は夏冬にかかわらず運動できてるやん，これって不思議やと思わへん？　携帯見てみ。冬なったら，やたらと起動遅くなったり，文字変換しようとしても遅なったりしてない？　それに，植物も見るからに活動しにくそうになってないか。あと，なんといっても同じ脊椎動物の両生類，爬虫類なんかはほとんど活動停止してるやん。不思議やなあ，何でみんな普通に活動できてんねんやろ。今回の授業はそのことについて考え学んでいきたいと思います。そんで，みんなにはこっちのほうが興味あると思うけど，これからの学習によってなんでみんなが太ったり痩せたりするのかがわかります。お楽しみに。」

・授業のメイン
　→前菜の説明をここから生物の授業として結び付けていく。

板書⇒恒常性

「これは今回の授業で最も重要な言葉です。"こうじょうせい"と読みます。ここで少し国語の勉強をしたいと思います。先生は生物しか教えてないけど，担任としてはみんなの成績も気になるところやからな。よし・・・，□□さん"恒"の意味わかるか？」

予測される回答⇒わからん／一定／常に etc
（わからない等の返答に対しては，「恒温動物」「恒星」などヒントとなりそうな言葉を出すことで極力正解に近い言葉を引き出す努力をする。）

「そやね，"恒"には一定とか常にといった意味があります。それじゃあこっちは？（"常"を指しながら）××さん。」

予測される回答⇒常に／一定 etc（上記と同様の対応）

「字のままやな。そうです，常にという意味があります。つまり，同じ意味の漢字が続いてるわけや。もう気づいてくれたかな，そうです，つまり"恒常性"とは常に一定に保つ能力のことを言います。」

板書：
　恒常性
　恒常性の調節の方法について
　　→ホルモンによる調節
　　→神経系による調節

「（指し棒で）これを見てください。恒常性とはさっきゆうたとおり，体内の内部環境を外の環境変化にかかわらず一定に保とうとする能力のことやけども，それは，主に2つの調節機構によって制御されてます。ひとつは次回はなすことになるけども，ホルモンによる調節機構です。詳しいことは，来週話すので今回は，あるということを知っておいてください。そして，今回話すのが神経系による機構です。神経については以前話したけども，簡単に復習します。」

板書：
　恒常性
　　恒常性の調節の方法について
　　　→ホルモンによる調節
　　　→神経系による調節
　神経
　　　→中枢神経・・・脳，脊椎
　　　→末梢神経・・・それ以外の神経

「まず，大きくこの2つに分かれるな。脳，脊椎といった生命の最高中枢である中枢神経，そしてそれ以外の末梢神経や。そして，この末梢神経にも大きく2つの分類がある。興奮の伝わる方向による分類と知覚や意志

との関係による分類や。前者は求心性と遠心性の神経の違いや。もう一度用語の説明しとくと，求心性は興奮を中枢のほうへ伝えることで，遠心性は逆に中枢の興奮を外のほうに伝えることをいうんやったな。後者は，板書しよか。ちょっと板書長なるけどついて来てや。」

板書：
　恒常性
　　　恒常性の調節の方法について
　　　　　→ホルモンによる調節
　　　　　→神経系による調節
　　神経
　　　　→中枢神経・・・脳，脊椎
　　　　→末梢神経・・・それ以外の神経
　　　　　　　　　↓
　　　　1) 興奮の伝わる方向による分類
　　　　2) 知覚や意志との関係による分類
　　　　体性神経（系）…多くは大脳が中枢。知覚や意志に直接関係あり。
　　　　（＊脊椎反射も含む）
　　　　感覚神経…受容体に生じた興奮を大脳へ（求心的）
　　　　運動神経…大脳の興奮を作動体へ伝える（遠心的）
　　　　自律神経（系）…間脳（視床下部）が最高中枢で知覚や意志と関係ない。

「こっからが，今回の授業のメインディッシュや。注目して。まず，体性神経やけど，みんなもよく知ってる運動神経やらのことを言います。そんで，解説として，大脳が中枢で知覚や意思に直接関係あるゆうことやけど，簡単に言えば動かそ思ったら動かせるし，痛い思ったら回避できるわけや。
　具体例挙げるとしたら，●●くん，その鍛え上げられた胸筋を動かしてみてくれ。
（一同注目）ほら動いた。これが意志に関係してるということや。

それじゃ●●くん，今度は肝臓の機能を３つばかり止めてみてくれ。

・・・まっ，無理やわな。できてても確認できひんけど（笑）。冗談はさておき，こんな風に心臓，肺，消化器官，もちろん肝臓も，生命活動に重要な内臓諸器官の機能は，どれも自律的，つまり無意識のうちに行われてるねん。そして，この働きを制御してるのが自律神経系というわけや。そして，自律神経系は２種類の神経によって構成されてます。説明の前に板書していきましょう。」

板書：
　　交感神経（系）…脊髄神経，神経終末からノルアドレナリン
　　　　＊　一般的に促進的，消化系には抑制的

　　副交感神経（系）…迷走神経・顔面神経・動眼神経・仙髄神経
　　　　　　　　　　神経終末からアセチルコリン
　　　　＊　交感神経の作用と逆

「教科書の２２６ページの図を見ながら聞いててください。まず交感神経ですが，脊髄の頸髄，胸髄，腰髄といった各部から出ている神経系のことを言います。それに対して，副交感神経は，中脳から出ている動眼神経，延髄

から出ている迷走神経，顔面神経，中脳から出ている動眼神経，そして仙髄神経のことをさします。
　これら二つの神経系は，天秤のように働いています。ひとつが活性化しているときはもう片方はその活動が弱まり，逆に弱まっていたほうが活性化すると，その逆が弱まるといった感じです。各器官の調節を行うのは，それぞれの神経末端から出る神経伝達物質といわれるもので，交感神経ならノルアドレナリン，副交感神経ならアセチルコリンということになります。
　よし，難しいついでにもう一歩進めよ。次のページの表を見てください。交感神経と副交感神経の働きということでいろいろな器官の促進，抑制がまとめられてます。まあ一つ一つ，覚えてもらってもかまわんねんけど先生の授業を受けてもらってる以上そんな適当なことはいえないので。以前からゆうてる事やけど，生物は他でもない自分のことを知ることができる学問です。ただ，教科書，参考書の字を見て覚えるというのは，一回も恋をしたことのないやつが「恋愛って所詮こんなもの」とほざくに等しい行為です。自分という最高の教材があるし，周りにいくらでも本物の資料があるんやから，それを活用しない手はないと思います。なので，普段の生活を思い出しながら表を見ていきましょう。
　→杉浦コメント：生物を学ぶ意味を伝えられています。効果的な学び方を伝えることにもなっていると思います。

　まず心臓の拍動についてやけど，これはちょっと聞いてみよか。そやな，■□さん，君が心臓の拍動が強まるのはどんなとき？」「○●くんは？」

　予測される回答⇒運動の後／怖いことがあった後／うそつくとき etc
　（複数出てくればＯＫ）

　「そんなとこかな。一番はっきりわかんのは運動の後やろな。全力疾走した後なんかは隣の人に音聞こえてんちゃうんゆうぐらいバクバクしてるわな。よし，そんじゃあ，次に膀胱収縮ゆうのがあるけど，これは簡単にゆうたらトイレに行きたくなるゆうことや。

　じゃあ，■○くん，たとえばやで体育の＜｀ヘ´＞先生に怒られたときにトイレ行きたくなる？」

　予測される回答⇒絶対ならん（その他，ともかく緊張しているときはトイレに行きたくならないということを思い出してもらう）

　「そーやろな，先生でも直立不動になってまうわ。今の例はともかくとして，緊張しているときなんかにはよっぽどでもない限りトイレに行きたいなんて思わんと思うねんけど。さっ，ここから真剣に。
　今表にある交感神経の作用の例を２つほど紹介して，みんなにも日ごろの体験を思い出してもらったわけやけど，この二つに共通してることって何か気づかへん？
　運動直後，怒られて緊張しているとき，（間：考えてもらうための時間）どっちもみんな興奮してない？　少なくとも眠くはなってないやろ・・・？
　そーなんです。交感神経とは興奮しているときに活性化するんです。ここまできたら，あとは簡単やな。副交感神経はその逆，つまり休憩してたりリラックスしてるときに活発になるんよ。ほら，マンション住んでる人なんかわかると思うけど，冬にエレベーター乗った瞬間今までなんともなかったのに，急にトイレ行きたくなるみたいなことない？　あるやろ？・・・。」
　「とゆうことで，もう一度繰り返すけど，交感神経と副交感神経は天秤のような片方が優位に働き出すと，もう一方は働きが弱まり，逆に一方が強くなってくると，優位に働いていた方も弱まってという風に，互いに相反する働きを行っていくのです。あと，次回はなすホルモンの調整との比較のために，教科書には書いていませんが神経系の調節の特徴をいくつか板書しておきます。」

板書：
　　交感神経（系）…脊髄神経，神経終末からノルアドレナリン
　　　　＊　一般的に促進的，消化系には抑制的

　　副交感神経（系）…迷走神経・顔面神経・動眼神経・仙髄神経
　　　　　　　　　　神経終末からアセチルコリン
　　　　＊　交感神経の作用と逆

　　神経系の調節の特徴
　　　　・作用する場所が局所的
　　　　・効果が急速に現れる
　　　　・効果は一過性で持続しない

「では黒板に注目。神経系の調節は，神経という言ってみればパイプラインでつながれた場所にダイレクトに効果をもたらす物質を送り出すことができます。なので，当然効果は必要な場所にピンポイントでもたらすことができます。ですから，効果は非常に急速に現れるし，必要最低限しか送られないので必要でなくなればすぐに効果が消えてしまうのです。この特徴は，次回のホルモンの調節のときにも思い出してもらうので，みんな，頭の片隅にでも確実において置くように。」

⇒最後のまとめに入る前に１～２分間を取る。
　（そのときの時事問題や，行事に関することなどを話すことでリフレッシュをはかり，最後の数分に集中できるようにする）

・授業のデザート
　→今日の学習を振り返り，授業内容の定着を高める。
「よしっ，今日の授業まとめるぞ。今日やったのは，我々が冬でも夏でも変わりなく動ける能力・・・×▽くん，何やった？」

予測される回答⇒恒常性／沈黙・わかりません（←「ほら，国語の勉強したやん」「ノートみてみ」などヒントを出していき，発言してもらう。）

「そのとおり，恒常性やな。このおかげで我々は，寒いのにわざわざもっと寒いスキー場に行ってスキーやスノボーしたりできるし，暑いのにさらに暑いエジプト行ってピラミッドが見れるわけや。そして，それが大きく２種類の機構によって調節されてるんやったな。何と何やった，◎■さん？」

予測される回答⇒神経系とホルモン／沈黙・わからん（上記と同様の対処）

「そーやな，ホルモンの調整に関しては来週詳しく解説するけども，今日やったのは神経系の調節についてやったな。神経系は大きく二つの神経によって行われています。▼∴さん，なんやった？」

予測される回答⇒交感神経と副交感神経／わからない・沈黙（上記と同様の対応）

「完璧やな，そうですね。交感神経は興奮・促進作用に働くことが多く，反対に副交感神経は抑制・リラック

スといった効果をもたらす傾向にあったよな。表にあったような各論な，心拍とか消化器の促進抑制とか一個一個覚えずにイメージでいったけど，ひとつ先生から覚え方のアドバイス。

　自分がPRIDEのリングに上がってると思ってください。前には，シウヴァかノゲイラあるいはイグナショフがいると思ってください。怖いですね，興奮しますね。当然交感神経優位の状態です。ここで副交感優位やったら危険ですねえ。いつパンチが飛んでくるかわからんでしょ。それを見逃さないために目を大きく開いとかなだめですよね。ほら，瞳孔の開閉拡大でしょ。見えても体動かんかったらどうしようもないから，体全体にエネルギー送らなあかんでしょ，だから心臓の拍動促進でしょ。消化器のぜん動運動は，試合中にトイレ行きたくなったら大変でしょ？　だから抑制。立毛筋に関しては人間では表現難しいんですけど，ようは鳥肌が立つということです。収縮するとあのぶつぶつが出るんです。

　追加説明として，あれは鳥類が，当然，もっとも利用しています。寒さに耐えるために立毛筋を収縮して毛を立てることで空気の層を作って保温効果を生み出しています。

　まとめます。交換・副交感神経が天秤のように働き，あるものを促進，あるものを抑制というように，我々が意識しなくても外部環境を敏感に察知し，絶妙のバランスで各器官を操作してくれるおかげで我々はある一定の外部環境変化の範囲であれば問題なく活動できるんです。以上ですね。

　皆さんよくできました。そろそろ時間なので来週のことを少し。授業中もゆうてた通り，もうひとつの調整法であるホルモン調節について話していきたいと思います。皆さんにちょっとした宿題を出したいと思います。今日話をした神経の調節がありますが，機能としてこれは大変に優れたものです。にもかかわらず，どうしてまたもうひとつ同じような機能を持ったシステムが必要なんでしょうか。

　この宿題正しい答えは求めません。ただ，今日の授業を踏まえた上で考えてもらいたいと思います。

　次回，この答えを知ればいかに自分たちの体が高度なものであるかということがわかってもらえると思います。あとですねえ，皆さん知ってます？　何で人が恋に落ちると，特に女性ですが，きれいになったり，やせて見えたりするか。それはですね，なんと，ある種のホルモンも一役買ってるんですね，乞うご期待！　以上で今日の授業はお終いです。」

杉浦コメント：授業らしいメリハリが利いている。高校生だと発問に対して積極的に発言するということではないのですが，うまく生徒を「いじる」ことで，生徒参加を行なうことができています。このくらいの軽い授業参加は，内容が高度になり，働きかけに十分な時間を使えなくなる高校生の授業のひとつのコツだと思います。メッセージも的確に伝えられており very good。

索　引

あ
味付け　18
演劇としての授業　73
おいしい授業　19
教え惜しみ　44
教える意味　3

か
机間巡視　75
疑問を起こさせる発問　68
教育技術の法則化運動　14, 15
教材観　18
協同学習　79
今日のメニュー　37
許容範囲の広い発問　59
好奇心の素　27, 46
黒板に授業する　77
コミュニケーション　74

さ
最後の味見　45
最適なズレ　47
知っていますか発問　21, 67
シナリオ型指導案　3
自分らしさを出せる「調味料」　26
15秒意味伝え　39
15秒復習　20
自由に考えさせる発問　70
授業
　──のHOW　3
　──のWHY　2
　──の構造　7
　──のデザイン　82
　──の目的　15
　──は高級フランス料理で　37
スコップで穴を掘ること　10
生徒
　──観　20
　──のオリジナリティが出る発問　69

　──の発言の予想　6
　──の目を見て　77
　──を授業に参加させる　53
説明責任　12
せりふ　6

た，な
単元観　18
トリビア　50
なぜですか発問　67
何か気づいたことはありますか発問　68
二重課題　77

は
発問
　──の作り方のコツ　57
　──の転換　58
　──の目的　55
悲観的な予想　59
必然性　10
必要栄養素　18
ひとりボケつっこみ　65
ボディランゲージ　75

ま
間　74
まず答えありき　57
まとめの言葉　30
学び合い　79
学ぶ意味　3
まみむめも　74
メッセージ　30
モニター　78

や
誘導尋問　70
ゆれのないもの発問　60
良い授業　1
四隅に視点を忘れない　77

著者略歴

杉浦　健（すぎうら　たけし）
近畿大学教職教育部教授
1967年静岡県浜松市生まれ

　上島小・曳馬中・浜松北高と地元公立学校でクラブ（陸上競技）に熱中する学校生活を送る。
　京都大学教育学部および大学院教育学研究科博士課程修了まで11年の大学生活を送る（2年留年）。（なんとか教育学博士）。
　大学院時に洛陽工業高校定時制にて国語常勤講師を経験。授業に開眼。
　教育心理学・スポーツ心理学授業の各分野にわたってやる気（動機づけ）の研究を行なう。スポーツメンタルトレーニングの実践も行なう。
Homepage：http://www.kyoto.zaq.ne.jp/dkaqw906/（やる気の出るホームページ）

〔主要著作〕
『スポーツ心理学者が教える「働く意味」の見つけ方』近代セールス社　2009年（単著）
『スポーツ選手よ 強くなるには「哲学」を持て！―折れないこころをつくるメンタルトレーニング』山海堂　2005年（単著）
『転機の心理学』ナカニシヤ出版　2004年（単著）
『教育実習64の質問』寺崎昌男・黒澤英典・別府昭郎（監修）伊藤直樹・金田健司・杉浦 健・吉村日出東（編）学文社　2009年（共編著）
『教育指導の理論と実践』伊藤一雄・山本芳孝・杉浦 健（編）サンライズ出版　2001年（共編著）
『教職論』教職問題研究会（編）ミネルヴァ書房　2000年（共著）

もっと，おいしい授業の作り方
授業作り初心者のための「せりふ」で作る実践的・学習指導案作成法

2015年10月20日　第2版第1刷発行　定価はカヴァーに表示してあります。

著　者　杉浦　健
発行者　中西健夫
発行所　株式会社ナカニシヤ出版
　〒606-8161　京都市左京区一乗寺木ノ本町15番地
　　　　　　　Telephone　075-723-0111
　　　　　　　Facsimile　075-723-0095
　　　Website　http://www.nakanishiya.co.jp/
　　　E-mail　iihon-ippai@nakanishiya.co.jp
　　　　　　　郵便振替　01030-0-13128

装幀＝白沢　正／印刷・製本＝ファインワークス
Printed in Japan
Copyright © 2005, 2015 by T. Sugiura
ISBN978-4-7795-0987-2 C1037

◎本書のコピー，スキャン，デジタル化等の無断複製は著作権法上での例外を除き禁じられています．本書を代行業者等の第三者に依頼してスキャンやデジタル化することは，たとえ個人や家庭内での利用であっても著作権法上認められておりません．